CW01522250

　　《孙子兵法》是我国最古老、最杰出的一部兵书，历来备受推崇，研习者辈出。我们现在所能见到的最早为《孙子兵法》作注的乃一代枭雄曹操，其注字里行间不乏真知灼见。当代著名军事家郭化若更是长期研究《孙子兵法》，撰有《孙子译注》一书，不但为《孙子兵法》全文作了校勘、注释、今译，还撰写了题解及考订、评论文字，既有较高的学术水平，又浅显易懂。本书即在郭化若《孙子译注》的基础上加上了从宋本《十一家注孙子》中辑出的曹操的注，将孙武、曹操、郭化若的军事思想融为一书，以裨读者把握我国两千年来兵学之精华。书后附有《史记·孙子列传》，同时还附上郭化若《孙子译注》本的《前言》《再版的话》。书中插图全部精选自北宋兵书《武经总要》，供读者观览丰富多样的中国古代兵器装备。

作者简介

郭化若（1904—1995），福建福州人。无产阶级革命家、杰出的军事理论家和军事教育家、中国人民解放军高级将领。1955年被授予中将军衔。

青年时代起即投身革命，1925年考入黄埔军校（第四期），同年加入中国共产党，几近完整地经历了中国共产党参与及领导的各种武装斗争的全过程，如东征、北伐、长征、抗日战争、解放战争等。土地革命战争时期，曾任红一方面军代理参谋长、红军总前敌委员会秘书长、中央军委第二局局长。抗日战争时期，历任中央军委第一局局长、中央军委编译处处长、中国人民抗日军政大学三分校校长兼中央军委四局局长、延安中央党校军事教育处处长、延安炮兵学校校长。解放战争时期，历任鲁南军区副司令员、华东野战军第六纵队副司令员、第四纵队政治委员、第三野战军九兵团政治委员。新中国成立后，历任淞沪警备司令部、上海防空司令部司令员兼政治委员，后兼任华东军区公安部队司令部司令员和第八兵团政治委员，又任南京军区副司令员、军事科学院副院长等职。

戎马生涯之余，军事理论研究从未中断，用力至勤，硕果累累，《孙子兵法》研究，享誉海内外。是第一位运用马克思主义立场观点方法研究《孙子兵法》的学者，为揭示《孙子兵法》军事学术和军事哲学的理论体系作出了重大贡献。除《孙子译注》（原名《孙子今译》）外，尚有《郭化若军事论文选集》、《郭化若回忆录》、《新教育教学法》、《郭化若诗词墨迹选》、《郭化若诗词选》、《郭化若书法集》、《郭化若文集》等著作问世。

目 录

计篇 第一

曹操曰：计者，选将、量敌、度地、料卒、远近、险易，计于庙堂也。

【题解】

　　《孙子》十三篇，以"计"为首篇。"计"是当时《孙子》所用的范畴，直译为计算或估计；是战前对敌我双方的政治、经济、军事、天时、地利和将帅才能等现有的客观条件的估计和对比。即我们今天所说的通过敌对双方有关战争胜败的条件进行对比，从而作出胜败估计。紧接着论述了战略上总的方针和主要原则以结束本篇。

（一）孙子曰：兵者，国之大事[1]，死生之地，存亡之道，不可不察也。①

【注释】

①[兵者，国之大事]：兵，兵器，用兵，也就是现在所说的战争。孙子一开头就对战争的主要方面（哲学上叫属性）和关系之重大作了总的叙述，首先指出战争是国家的大事。

[死生之地，存亡之道]：意思是说战争是敌我拼搏生死场所，是将决定国家存在或灭亡的途径。这里是对前一短句的形容和补充。

[不可不察也]：察，细看，含有仔细观察，认真研究、慎重考虑等意思。我们在今译中把"察"直接译成今天的语言"研究"。收句强调：对"国之大事"不可不研究。

【译文】

（一）孙子说：战争是国家的大事，关系到军民的生死，国家的存亡，是不可以不认真研究的。

【校勘】

〔1〕国之大事：竹简（1972年山东临沂银雀山汉墓出土的《孙子兵法》略称"竹简"，以下简称"竹简"）"事"下有"也"字，《十家注孙子》（以下简称"十家本"）、《武经·孙子》（以下简称"《武经》本"），各本皆无。如有"也"字，即为断句，那样意过简而且不完整，故未从之。

壕橋

（二）故经之以五[1]，校之以计，而索其情[2]：（曹操曰：谓下五事七计，求彼我之情也。）一曰道，二曰天，三曰地，四曰将，五曰法。①道者，令民与上同意者也[3]，可与之死，可与之生[4]，民弗诡也[5]。②（曹操曰：谓道之以教令。危者，危疑也。）天者，阴阳、寒暑、时制也[6]。③（曹操曰：顺天行诛，因阴阳四时之制。故《司马法》曰："冬夏不兴师，所以兼爱民也。"）地者，高下、远近、险易、广狭、死生也[7]。④（曹操曰：言以九地，形势不同，因时制利也。论在《九地篇》中。）将者，智、信、仁、勇、严也。⑤（曹操曰：将宜五德备也。）法者，曲制、官道、主用也。⑥（曹操曰：曲制者，部曲、旛帜、金鼓之制也。官者，百官之分也。道者，粮路也。主者，主军费用也。）凡此五者，将莫不闻，知之者胜，不知者不胜。⑦（曹操曰：同闻五者，将知其变极，即胜也。索其情者，胜负之情。）故校之以计，而索其情。⑧曰：主孰有道？将孰有能？（曹操曰：道德智能。）天地孰得？（曹操曰：天时、地利。）法令孰行？兵众孰强？士卒孰练？赏罚孰明？（曹操曰：设而不犯，犯而必诛。）吾以此知胜负矣。⑨（曹操曰：以七事计之，知胜负矣。）

【注释】

①[故经之以五]：经，纵线。古人看到："织以经为主，而后纬加之。"所以把主要的东西，都看作经。这里也有纲领、大纲的意思。五，后来注者都称之为"五事"，指下文"道、天、地、将、法"，这五项都属于决定战争胜败的基本因素。"经之以五"直译即：以五方面的情况为经。

[校之以计]：校，通"较"，比较；计，计算。"校之以计"直译即：把情况的估计作比较。所谓"计"，即下文所说："主孰有道？将孰有能？天地孰得？法令孰行？兵众孰强？士卒孰练？赏罚孰明？"等七计，这七个问题是上文"五事"的引申。即敌对双方在这些方面优劣条件的比较。因为在战争前敌我优劣条件不可能有准确的计算，所以用今天的

话，把"计"译成估计。

［而索其情］：用这些对比来探索战争胜败的情势。

②［道者，令民与上同意者也］：道，在和孙子同时的诸子的著作中，各有各的命意。孙子在十三篇中各处所用的道字也各有所指，互不相同。这里孙子用"道"这一概念（或范畴）主要指地主阶级的政治。民，当时是指有反抗性的劳动者，即农奴和奴隶。新兴地主阶级的政治（道），其作用是要求有反抗性的民能服从统治者的统治。

［可与之死，可与之生］：可以叫他们去拼死，可以叫他们去求生。

［民弗诡也］：诡，违，违抗。意思是能使被驱使去打仗的民不敢违抗。

③［天者，阴阳、寒暑、时制也］：天，是指有关天时季节等气候情况，是被作为自然的天而说的。这里《孙子》和同时的诸子不同。黑夜、白昼、阴天、晴天、冬寒夏暑、春暖秋凉气候情况不同，特别是到了严寒地带，酷热的沙漠则影响战斗更大。

④［地者，高下、远近、险易、广狭、死生也］：指地形有高山，有平地，距离有远近，道路有宽狭，地势有险要或平坦，战场的广窄和死地或

生地（参看"九地篇"）。

⑤［将者，智、信、仁、勇、严也］：将，指主将，即独立统帅前线全军的主将。他需要具备的品格特点，孙子要求：（1）智，即知识和才能；（2）信，功必赏，罪必罚，令必行，禁必止；（3）仁，对待部下仁慈；（4）勇，指作战勇敢；（5）严，指管理军队遵守纪律严格。

⑥［法者，曲制、官道、主用也］：曲制、官道、主用，据曹注："曲制者，部曲、旛帜、金鼓之制也。官者，百官之分也。道者，粮路也。主者，主军费用也。"这里讲的是这些制度，规定得适宜不适宜，执行得严格不严格。

⑦［凡此五者，将莫不闻，知之者胜，不知者不胜］：凡上述道、天、地、将、法，这五方面情况，主将都不能不了解；凡了解的能胜利，不了解的不能胜利。

⑧［故校之以计，而索其情］：所以把敌我双方胜败条件的估计作个对比来判断情况。

⑨［曰：主孰有道］：要问：哪一方面的国君比较开明。

［将孰有能］：哪方面主将比较精明。

［天地孰得］：哪方面取得天时地利。

望樓車

〔法令孰行〕：哪方面的法令能严格执行。

〔兵众孰强〕：兵，兵器装备。哪方面兵众强大。

〔士卒孰练〕：哪方面的士卒训练有素。

〔赏罚孰明〕：哪方面的赏罚比较公正严明。

〔吾以此知胜负矣〕：我根据这些情况，就能预见胜负了。

【译文】

（二）所以，要用五项〔决定战争胜败的基本因素〕为经，把〔对敌对双方的优劣条件的〕估计作比较，来探索战争胜负的情势：〔这些主要条件是〕一政治，二天时，三地利，四将帅，五法制。政治，是讲要使民众和君主的愿望一致，可以叫他们为君主死，为君主生，而不敢违抗。天时，是讲昼夜、阴晴、寒冬、酷暑等气候季节情况。地利，是讲高山洼地、远途近路、险要平坦、广阔狭窄、死地生地等地形条件。将帅，是讲才智、诚信、仁慈、勇敢、威严等条件。法制，是讲部队的组织编制、指挥信号的规定，将吏的职责，粮道和军需军械的管理等的情况和制度〔能否严格执行〕。凡属这五方面情况，将帅都不能不知道。凡了解这些情况的就能胜利，不了解的就不能胜利。所以，要把〔对敌对双方优劣条件的〕估计作比较，来探索战争胜负的情势。要看：哪一方君主的政治开明？哪一方将帅的指挥高明？哪一方天时地利有利？哪一方法令能贯彻执行？哪一方的武器装备精良？哪一方的兵卒训练有素？哪一方的赏罚公正严明？我们根据这些，就可以判断谁胜谁败了。

【试笺】

《孙子》兵法先从战争讲起，指出战争是关系人民生死、国家存亡的大事。这是战争的一个重要属性，可惜他还未能深入战争的本质，不能分析不同性质的战争。这是时代和阶级的限制。

《孙子》论兵先从敌我双方客观物质条件的分析比较出发，先"经之以五"，再"校之以计"。它把"道"摆在第一位。"道"，在这里指战前产生战争的政治，而政治的进步或腐败则是当时社会经济的集中表现，都属于客观的事物。把有关胜败的物质条件作为将帅运兵计谋的物质基础，放在首要分析的地位，这就鲜明地表现出朴素唯物论的战争观，先承认物质条件作为客观物质基础，然后强调将帅主观的指挥。

〔1〕故经之以五：十家本、《武经》本"五"下均有"事"字，疑为后人肥增，以和七计相对称，但通观全段文意，不增"事"字较妥。竹简也无"事"字，所以删去。竹简"经"作"轻"，古通。

〔2〕而索其情：十家本、《武经》本前后两个"以"字均作"而"，竹简作"以"。但上句有"以计"，此作"以索"则复，且用"而索其情"，意与"以索其情"同，故仍用"而"字。竹简"情"作"请"，古通。

〔3〕令民与上同意者也：十家本、《武经》本"意"下无"者"字。竹简有"者"字，有"者"字似较为完句，所以增了"者"字。

〔4〕可与之死，可与之生：十家本"可"下有"以"字；《武经》本无"以"字，又句首无"故"字。两"以"字和"故"字可略，故从竹简删去。

〔5〕民弗诡也：十家本作"而不畏危"，《武经》本句末有"也"字，竹简作"民弗诡也"。曹注及杜牧、陈皞、王皙诸家注均以"危疑"或不畏惧于危疑解，按当时驱农奴与奴隶作战，虽"有

道"亦难免士卒之畏危，故以"使民不敢违抗"较使"民不畏危"更合乎当时阶级关系。从竹简改正。

〔6〕"时制也"下竹简有"顺逆，兵胜也"，各本皆无，疑系竹简衍文。（因抄写、排印等错误而多出来的字叫"衍文"）。

〔7〕地者，高下、远近、险易、广狭、死生也：十家本、《武经》本皆无"高下"二字，据竹简增。又竹简"广狭"在"远近"之前，与传本不同，按"远近"较"广狭"更重要，故未改。竹简"陕"同"狭"。

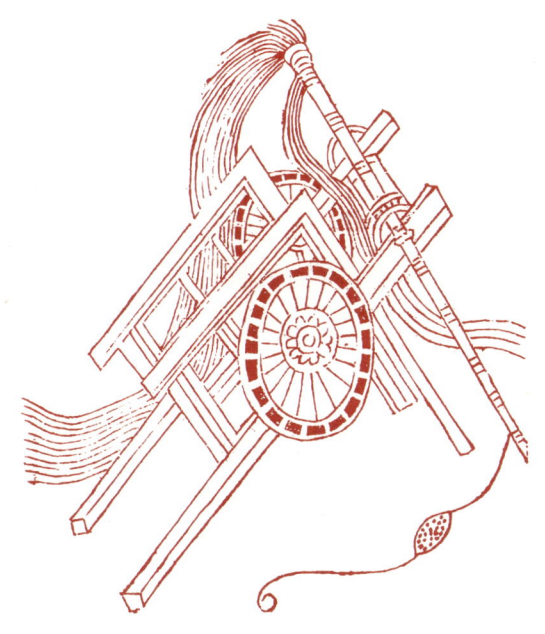

行砲車

（三）将听吾计，用之必胜，留之；将不听吾计，用之必败，去之。① （曹操曰：不能定计，则退而去也。）

【注释】

① ［将听吾计，用之必胜，留之］：将（jiāng浆），这里用作副词，抑将，行将，也就是假如。曹注："不能定计，则退而去之。"十家注中只有孟氏认为用作名词，将（jiàng酱）官。这句意思是：如果国君能采纳我的意见，也就是战略思想一致，在那里指挥作战必能取胜，就留在那里。

［将不听吾计，用之必败，去之］：如果不能采纳我的意见，在那里指挥必将失败，那就只好离开。

【译文】

（三）如果能听从我的计谋，用我指挥作战，一定能胜利，就留在这里；如果不能听从我的计谋，虽用我指挥作战，一定会失败，就告辞而去。

按：一个军事家可以自由选择在自己的国内或别国指挥作战，这只是战国时才有的情况。例如吴起在魏，乐毅在燕。

（四）计利以听，乃为之势，以佐其外。^①（曹操曰：常法之外也。）势者，因利而制权也。^②（曹操曰：制由权也，权因事制也。）

【注释】

①［计利以听］：以，使，亦通"已"。意思是说分析有利的条件，使国君采纳赞同。

［乃为之势］：是说然后造成有利的态势。

［以佐其外］：作为外在的条件。

②［势者，因利而制权也］：这里所谓势，指战略上有利的态势，作战处于优势地位。所谓"权"，原指秤锤，由于它是随着被称物体的轻重而移动位置的，引申为机变、机动的意思。这句话的意思是说：所谓势，就是利用有利的态势而进行机动。

【译文】

（四）分析利害条件，使意见被采纳，然后就造成有利的态势，作为外在的辅助条件。所谓"势"，就是利用有利的情况，而进行机动。

躡頭飛梯　　　竹飛梯

（五）兵者，诡道也。① （曹操曰：兵无常形，以诡诈为道。）故能而示之不能，用而示之不用，近而示之远，远而示之近。②利而诱之，乱而取之，实而备之，（曹操曰：敌治实，须备之也。）强而避之，（曹操曰：避其所长也。）怒而挠之，卑而骄之，（曹操曰：待其衰懈也。）佚而劳之，（曹操曰：以利劳之。）亲而离之。③ （曹操曰：以间离之。）攻其无备，出其不意。④ （曹操曰：击其懈怠，出其空虚。）此兵家之胜，不可先传也。⑤ （曹操曰：传，犹泄也。兵无常势，水无常形，临敌变化，不可先传也。故料敌在心，察机在目也。）

【注释】

① ［兵者，诡道也］：诡，奇异，诡谲，诡计多端；与道德上的诡诈不同，但也确有欺骗敌人的意思在内。意思是说：用兵，是一种奇诡的行动。

② ［故能而示之不能］：是说能打却装作不能打。

［用而示之不用］：是说要用兵，故意装作不用兵。

［近而示之远］：是说要向近处，故意装作要向远处。

［远而示之近］：是说要向远处，故意装作要向近处。　　以上四句话通常被称为"示形"，含有佯动的意思。后来，这些做法被概括为"声东击西"。总之是用佯动迷惑敌人，以隐蔽我之战略意图。

③［利而诱之，乱而取之］：意思是说：给敌人以小利，去引诱它；迫使敌人混乱，然后攻取它。解释作敌贪利则用利以诱之，这自然也说得通，不过没有什么敌人是不贪利的。李牧守云中，坚壁清野三年不出战，匈奴无所获。牧忽派数千人马出塞又大放牛羊，匈奴得利，倾巢来犯，牧出主力，大败之。这可说是古代"利而诱之"的一个典型范例。"乱而取之"，敌既乱自然应乘其乱而取之。但能使敌乱，而举兵取之，不是也说得通吗？！

［实而备之，强而避之］：这里的"实"（主要指没有弱点暴露）和"强"自然是指敌情，我军绝不会助敌之实和强。那么遇到敌实，则应备之，以待其虚；遇到敌强，则宜避之，暂不与之争锋。这两句只能有一种解释。

[怒而挠之，卑而骄之]：这里怒可能有两种情况，一是敌自己因某种原因而愤怒；二是我激之使怒。无论自怒或被激怒，都一样急于求战，而我却避而不战，使其怒，被挠（即屈而不能伸，或弯曲而不能发挥力量）而沮丧。"卑"如指敌情，则有真伪之分，如宋被久围，使烛之武向楚师求退三十里而盟，是真卑也。这种情况则如何再使之骄？如系佯示卑辞厚礼，准备突然袭击，则似宜故示不备而实备之，诱之来袭而伏兵待之。"卑"还可解释为我以卑辞厚礼以骄敌，而乘其无备奇袭之。这种解释，难道不更近理吗？

[佚而劳之，亲而离之]："佚"和"亲"只能指敌情，而绝无我使之"佚"或促之"亲"之理。但我都应使佚之敌被不断袭扰而劳，使亲之敌被利害关系而离。这两句也只有一种解释。　以上八个形容词：利、乱、实、强、怒、卑、佚、亲，有人认为都是指敌人，八个短句中诱之、取之、备之、避之、挠之、骄之、劳之、离之，则都是说我军应取的行动方针，这自然也说得通的。另一种解释，则把利、乱、怒、卑作为自己的主动行动以造成敌之弱点，这四字下的"而"字则成为顺连接词，也未尝不通，而且更积极些。我们认为利、乱、怒、卑

可释为指敌情而言，也可释为由我之能动促成，似较活些。

④〔攻其无备，出其不意〕：是讲攻击敌人无备（空虚）的地方，出乎敌人意外（懈怠）的行动（此句通俗易懂，可以不译成现代汉语，直接引用原文更易记忆。现在的运用，其具体内容自然与古时不尽相同）。

⑤〔此兵家之胜，不可先传也〕：胜，即盛或妙。这是军事家取胜的奥妙。根据当时的情况而临机应变，不能事先都做了规定的。

【译文】

（五）用兵是一种诡诈的行为。所以，能打，装作不能打；要打，装作不要打。要向近处，装作要向远处；要向远处，装作要向近处。给敌人以小利，去引诱它；迫使敌人混乱，然后攻取它（或译：敌人贪利，就用小利引诱它；敌人已经混乱，就要乘机攻取它）。敌人力量充实，就要防备它；敌人兵力优势，就要避免决战。激怒敌人，却屈挠它（或译：敌人激怒，要屈挠它）；卑辞示弱，使敌人骄傲。敌人休整得好，要设法疲劳它；敌人内部和睦，要设法离间它。攻击敌人无备的地方，出乎敌人意外的行动。这是军事家取胜的奥妙，是根据随时变化的情况，临机应变，不能事先规定的。

【试笺】

《孙子》论述了"五事"、"七计"这些决定胜负的客观物质条件，再论战略指导上若干主要的思想和原则。这说明他先分析客观条件，承认物质是基础，然后强调主观的指挥，把胜利由可能推向实现。这就不是机械的唯物论了。这里表现的辩证法战争观虽然是朴素的初期的，然而却是卓越的、难能的。他把用兵看成奇妙的变化运动。先说四种示形的方法（就是我们常说的"声东击西"之类的意思），后讲对八种情况不同的敌人，采取不同的打法，言简意赅，为中外古代兵法中所少有。最后，"攻其无备，出其不意"有普遍规律性，今天仍可灵活应用，我们不可小看它。

（六）夫未战而庙算胜者，得算多也；未战而庙算不胜者，得算少也。①多算胜，少算不胜，而况于无算乎！②吾以此观之，胜负见矣。③（曹操曰：以吾道观之矣。）

【注释】

①［夫未战而庙算胜者，得算多也］：古代用兵前在祖庙里举行一定的仪式讨论决定作战计谋叫庙算。"庙算胜者，得算多也"，指开战前估计各种主客观条件，预计可以胜利，是因为"得算多"，即胜利的条件充分。

［未战而庙算不胜者，得算少也］：而庙算不胜者，指胜利的主客观条件不充分，不充分的就不易得胜。 亦有人把"胜"作高明解释，就是说开战之前，计算得高明即"算无遗策"的可以胜利；计算得不高明的（估计错误或顾此失彼）不能胜利。

②［多算胜，少算不胜，而况于无算乎］：计划充分的胜利，不充分的不胜利，何况毫无计划呢？

③［吾以此观之，胜负见矣］：我从这里就可以预见到胜败了。

【译文】

（六）凡是未开战之前预计可以打胜仗的，是因为胜利的条件充分；未开战之前预计不能打胜仗的，是因为胜利的条件不充分；条件充分的能胜利，不充分的不能胜利，何况毫无条件呢？我们根据这些来看，胜败就可以看出来。

作战篇 第二

曹操曰：欲战必先算其费。

【题解】

本篇以"作战"命名，紧接"计篇"论述战前计划之后，再论作战问题（古代战争不分战役、战斗，也不论大战小战统称为作战）。要发动一场较大规模的作战，必须先筹划费用、粮秣、物资。本篇立论主要着重阐明战争的胜负依赖于经济（财政、物资等物质条件在内）的强弱。由于当时生产方式还很落后，物资还很不充裕，军队组织也很不严密和不巩固；各诸侯国互相吞并的战争又为奴隶和农奴及其他贫穷劳动者所反对，所以《孙子》对进攻作战主张速胜而反对持久。又因交通不便，运输困难，所以提出"因粮于敌"的主张。

（七）孙子曰：凡用兵之法，驰车千驷，革车千乘，带甲十万，（曹操曰：驰车，轻车也，驾驷马。革车，重车也，言万骑之重。车驾四马，率三万军，养二人主炊，家子一人主保固守衣装，厩二人主养马，凡五人。步兵十人，重以大车驾牛。养二人主炊，家子一人主守衣装，凡三人也。带甲十万，士卒数也。）千里馈粮[1]，（曹操曰：越境千里。）则内外[2]之费，（曹操曰：谓购赏犹在外。）宾客之用，胶漆之材，车甲之奉，日费千金，然后十万之师举矣。①其用战也贵胜[3]，久则钝兵挫锐，攻城则力屈，久暴师则国用不足。②（曹操曰：钝，弊也。屈，尽也。）夫钝兵挫锐、屈力殚货，则诸侯乘其弊而起，虽有智者，不能善其后矣。③故兵闻拙速，未睹巧之久也。④（曹操曰：虽拙，有以速胜。未睹者，言其无也。）夫兵久而国利者，未之有也。⑤故不尽知用兵之害者，则不能尽知用兵之利也。⑥

【注释】

①〔凡用兵之法〕：凡是用兵的准则。

〔驰车千驷〕：驰车，即轻车，装载甲士用以攻击敌人的轻便战车。驷，古代原称驾一辆车的四匹马为驷，由此也把四匹马拉的一辆车称为一驷。

〔革车千乘〕：革车，即重车，运载军需物资的辎重车。乘（shèng 剩），辆。

〔带甲十万〕：带甲，当时对徒兵的通称。杜牧注引《司马法》曰："一车，甲士三人，步卒七十二人，炊家子十人，固守衣装五人，厩养五人，樵汲五人。轻车七十五人，重车二十五人。"所以二乘一百人为一队。以此推算，出车轻重各千辆，带甲合计就有十万人了。这里讲兵车以"千乘"数，讲带甲以"十万"数；这是理论上概论之数，不是一

行女墙

定的数。

［千里馈粮］：千里，泛言远途。馈（kuì溃），运送。就是远征他国，就要远道运送粮食，既费人力又要大批运费。

［内外之费］：指前后方的经费。

［宾客之用］：指招待国宾使节的用度。

［胶漆之材］：古代弓箭甲盾的保养维修所必需的胶和漆。这里泛指制作、维修武器装备所必需的物资。

［车甲之奉］：车，车辆；甲，盔甲；奉，供给。

［日费千金］：金，古代计算货币的单位，一金为一镒（廿两或廿四两），千金即千镒。泛指金额极多。

［然后十万之师举矣］：总结上述出动驰车、重车、徒步甲兵，随带粮秣、各种费用，要费很多钱，然后十万（概数）的大军，才能出动。这是极言作战用兵不是轻而易举的事。

②［其用战也贵胜］：接上句讲，这样不是轻而易举的作战，目的在于求得迅速胜利，如果旷日持久，则"钝兵挫锐"；钝，不锋利也，如刀用久必钝；挫锐，军之锐气受挫。

［攻城则力屈］：攻击城堡则力量不能伸张。

[久暴师则国用不足]：暴（pù铺），暴露。久暴师，就是说军队长期在外作战，造成国用军费供应困难。这一长句是说举兵十万，只宜速胜，不能持久。"其用战也贵胜"下接着说"久则钝兵挫锐"，可见应"贵胜"的胜，是含有速胜的意思。

　　③[夫钝兵挫锐、屈力殚货]：钝兵挫锐，指兵久在外，力量磨钝，士气受挫。屈力殚货，屈力，指力量消耗失却锋利；殚（dān丹）货，指物资耗尽。

　　[则诸侯乘其弊而起]：弊，即害，这里指疲惫、危机。意思是兵钝、气挫、力尽、财竭，这样别国诸侯就势必趁我暴露以上弱点之际，乘机起兵。

　　[虽有智者，不能善其后矣]：到了这种时候，即使很有智慧的人，也无法"善后"了，亦即无法挽回了。

　　④[故兵闻拙速，未睹巧之久也]：这两句话是上文的小结论。"拙"和"巧"是工艺方面褒贬好坏的用语。《孙子》在这里是借用这"拙"、"巧"两字，反其意来褒贬"速"和"久"。意思是：打仗只听说老老实实地求得速胜，没有见过弄巧立异陷于持久而有好处的（闻，听说。拙，笨。速，速

胜。睹，看见。巧，巧妙。久，长久）。

⑤〔夫兵久而国利者，未之有也〕：上句已讲了
"兵闻拙速……"这句又从反面断言战争持久而国
家有利，这是不会有的事情。

⑥〔故不尽知用兵之害者，则不能尽知用兵之
利也〕：接上文既阐明战争只应力求速胜，如旷日
持久，则必然不利而有害。这里则更进一步，提高
到更普遍的规律，从反面阐述所以不完全了解用兵
的害处的人，就不能完全了解用兵的好处。这是理
论上进一步的推论，也是在理论上进一步的提高。

【译文】

（七）孙子说：凡用兵作战的一般规律，要动
用轻车千辆，重车千辆，步卒十万，还要向千里之
外运输粮食，那么前方后方的经费，招待国宾使节
的用度，胶漆器材的补充，车辆盔甲的补修，每
天要开支"千金"，然后十万军队才能出动。用这
样的军队去作战，就要求速胜，持久就会使军队疲
惫，锐气挫伤；攻城就会使兵力消耗；让军队长久
暴露在国外，就会使国家的财政发生困难。如果兵
疲、气挫、力尽、财竭，则列国诸侯就会乘着你的
危机而起兵进攻，那时虽有智谋的人，也无法替你

挽救危局了。所以，用兵只听说老实的速决，没有见到弄巧的持久。战争持久而对国家有利，是不会有的事情。所以，不完全了解用兵有害方面的人，就不能完全了解用兵的有利方面。

【校勘】

〔1〕千里馈粮：十家本、《武经》本"里"下无"而"字。竹简有"而"字，无关原意，不补。

〔2〕内外：竹简作"外内"。于义则应先内而后外，于文则内外通顺。未从竹简。

〔3〕其用战也贵胜：十家本"胜"上无"贵"字，《武经》本有"贵"字，据下文"兵贵胜，不贵久"，疑十家本漏"贵"字。依《武经》本增"贵"字。竹简"战"下无"也"字。

（八）善用兵者，役不再籍，粮不三载[1]；（曹操曰：籍，犹赋也。言初赋民，而便取胜，不复归国发兵也。始载粮，后遂因食于敌，还兵入国，不复以粮迎之也。）取用于国，因粮于敌，故军食可足也。①（曹操曰：兵甲战具，取用国中，粮食因敌也。）

【注释】

①［善用兵者］：是说善于用兵的人。

［役不再籍］：役，兵役；籍，户籍。即依户征集兵卒。役不再籍是讲征集兵役只征一次。

［粮不三载］：是说粮秣只出征时随军运载一次，以后则因粮于敌，不三次运粮迎接。

［取用于国，因粮于敌］：是说进入敌国，军需武器从国内取用，粮秣靠就地征发。

［故军食可足也］：是说这样军中粮食就可以足用了。

（八）善于用兵的人，兵员不征集两次，粮秣不运输三回；军需自国内取用，粮秣就敌国征集，所以军队的粮秣就可以保证足食了。

【校勘】

〔1〕粮不三载：十家本、《武经》本均作“粮不三载”。曹注云：“始载粮，后遂因食于敌，还兵入国，不复以粮迎之也。”王皙注亦同此意。依曹注是认“三载”字当作“二载”或“再载”，《太平御览》等书引亦作“再载”。然“再载”与上文“再籍”重复“再”字；又曹、王两注均鼓吹掠夺，然而如遇野无所掠又将奈何？！所以“粮不三载”较妥，未依曹、王注改。

行天橋

（九）国之贫于师者远输，远输则百姓贫。[①]近师者贵卖^[1]，贵卖则百姓财竭^[2]，（曹操曰：军行已出界，近师者贪财，皆贵卖，则百姓虚竭也。）财竭则急于丘役。[②]力屈、财殚，中原内虚于家^[3]。[③]百姓之费，十去其七^[4]；（曹操曰：丘，十六井也。百姓财殚尽而兵不解，则运粮尽力于原野也。十去其七者，所破费也。）公家之费：破车罢马，甲胄矢弩，戟盾蔽橹，丘牛大车，十去其六。[④]（曹操曰：丘牛，谓丘邑之牛。大车，乃长毂车也。）

【注释】

①［国之贫于师者远输］：指国家之所以因出师而贫困者，在于远道运输。

［远输则百姓贫］：远道运输就使百姓贫困。百姓，在奴隶社会中只有贵族有姓，百姓是指百官及其亲属，汉以后通称民众为百姓。封建初期，"百姓"的概念虽开始有变化，但新兴地主阶级的军事

家代表的是新兴地主阶级的利益，他们很难体会到劳动群众的疾苦。所以这里指的不是我们近代说的"老百姓"，而是指新兴的地主阶级的国家和新兴地主阶级的百官及其亲属。

②［近师者贵卖］：近，靠近。近师，指靠近驻军的地方。贵卖，物价昂贵。意思是说驻军靠近的地方，农副产品、副食品等供不应求，必然涨价。

［贵卖则百姓财竭］：物价暴涨则封建国家的基层百官必最先感到其生活发生困难，所以说"贵卖则百姓财竭"。

［财竭则急于丘役］：丘役，同"丘甲"、"丘赋"。按杜牧注，九百亩为井，十六井为丘，六十四井为甸（可见四丘等于一甸）。春秋末是丘为单位的赋役（按杜牧注引《司马法》曰，丘出戎马一匹，牛四头。丘车一乘，甲士三人，步卒七十二人），是新兴地主阶级的革新措施。但在战争持久国用军费困难时，就不免增加丘役。张预注："国用急迫，乃使丘出甸赋（加多四倍）。"

③［力屈、财殚，中原内虚于家］：中原，原野，也可解释为国内。有人认为这里指战场或战地。这句话是承上极言持久之害，这里则讲兵力损耗，财政困难，国内也家家空虚。可见不是指战

地也。

④［百姓之费，十去其七］：这里承上文列举战争的消耗，"百姓"被丘役所征用的马、牛、大车，耗去十分之七。

［公家之费：破车罢马］：公家，指诸侯的公室；诸侯，家，室。轻车、重车都要破烂。罢（pí皮），同"疲"；罢马，讲马还疲乏不堪驰骤。

［甲胄矢弩，戟盾蔽橹，丘牛大车，十去其六］：甲，护身挡箭的叫甲，护头的叫盔。矢即箭矢，弩是发射箭矢的简单机械，战国初才有。戟，古代兵器名，状似戈，其刃向前者叫"援"，援之下垂者而附于权者叫做胡，其后端曰内。盾，盾牌。蔽橹，即大盾，战车上的防护器械。"丘牛大车"是按当时土地制度征抽的牛和车，也要消耗十分之六。

【译文】

（九）国家之所以会因军队出动而贫穷的，就是由于远道运输，远道运输，百官家属都要贫困。在军队集中的附近地方，东西就会涨价，东西涨价，就会使得百官及其家属感到威胁，国家因财富枯竭，就急于增加赋役。国力耗尽，财富枯竭，国内家家空虚。"百姓"的财产要耗去十分之七;"公室"的耗费,车辆损坏,马匹疲敝,盔甲、弓箭、戟盾、蔽橹以及运输用的牛和大车,也要损失十分之六。

【试笺】

《孙子》论列了出国远征,物资器材、畜力、财力消耗之大,言之成理。后方供给线过长,运输补给困难,对战争是一个很不利的因素。现代战争虽有现代化的运输工具,然而漫长的后方供应补充,亦易为敌方现代化武器所攻击。后方联络线过长,仍然是现代化战争中的一个大问题。《孙子》强调"国之贫于师者远输",至今仍宜给予重视。

【校勘】

〔1〕近师者贵卖:十家本"近"下有"于"字,《武经》本"近"下无"于"字。今删"于"字。竹简"师"作"市",古有军市(即在驻军附近"赶集"。除军市外亦有零卖者。近师含近市,近市不含近师)。王晳注:"近市则物腾贵",当系据"近市"注。而曹注:"军行已出界,近师者贵卖,贵

卖则百姓财竭。"可见曹操系据"近师"注。今从"近师"。

〔2〕贵卖则百姓财竭：竹简无此句，则与"急于丘役"文义不接。有人认为：近师（或近市）贵卖，贵卖则近师之民应富一时，何以反云财竭。从全段文意判断，近师者贵卖，贵卖则引起物价高涨，百姓（指士大夫及其亲属）财竭，而国家不得不急于加捐加税加征兵役。今从十家本。

〔3〕力屈、财殚，中原内虚于家：十家本"力屈"下有"财殚"二字，《武经》本无"财殚"二字。竹简作"屈力中原，内虚于家。"李筌注谓："日费千金，非唯顿挫于外，亦财殚于内。"杜牧注则云："师久不胜，财力俱困。"张预注亦谓："兵已疲矣，力已困矣，财已匮矣。"均有财殚二字意。"财殚"二字可能为后人所增，亦可能为竹简所抄漏。本篇全章论战争依附于经济，有"财殚"二字上下文则显而贯通。"屈力中原，内虚于家"断句欠通，故未从。

〔4〕百姓之费，十去其七：十家本作"七"，竹简作"六"，与诸本异。"六"或"七"俱言已损耗过半，相差无多。今仍用十家本，未从竹简。

撞車

（十）故智将务食于敌，食敌一钟，当吾二十钟；萁秆一石，当吾二十石。[①]（曹操曰：六斛四斗为锺。萁，豆稭也。秆，禾藁也。石者，一百二十斤也。转输之法，费二十石得一石。一云：萁音忌，豆也。七十斤为一石。当吾二十，言远费也。）

【注释】

[①] ［故智将务食于敌］：指聪明的将帅务必因粮于敌。

［食敌一钟，当吾二十钟］：钟，春秋时容量单位。齐国分奴隶主、公室的"公量"同新兴地主阶级陈氏的"家量"两种。公量一钟为六百四十升；家量一钟为一千升。从敌国夺粮一钟，可当从国内运去的二十钟。因为节省运费。

［萁秆一石，当吾二十石］：萁（qí其），同"其"，豆秸，作饲料用也一样，一石（dàn旦，合一百二十市斤）可当二十石。

【译文】

（十）所以聪明的将帅务求就粮于敌国。吃敌粮一"钟"抵得本国的二十"钟"；用草料一"石"，抵得本国的二十"石"。

（十一）故杀敌者，怒也；（曹操曰：威怒以致敌。）取敌之利者，货也。[1]（曹操曰：军无财，士不来；军无赏，士不往。）故车战，得车十乘已上，赏其先得者，（曹操曰：以车战能得敌车十乘已上，赏赐之。不言车战得车十乘已上者赏之，而言赏得者何？言欲开示赏其所得车之卒也。陈车之法：五车为队，仆射一人；十车为官，卒长一人；车满十乘，将吏二人。因而用之，故别言赐之，欲使将恩下及也。或曰：言使自有车十乘已上，与敌战，但取其有功者赏之；其十乘已下，虽一乘独得，余九乘皆赏之，所以率进励士也。）而更其旌旗，车杂而乘之，（曹操曰：与吾同也。）卒善而养之[1]，（曹操曰：不独任也。）是谓胜敌而益强。[2]（曹操曰：益己之强。）

【注释】

①〔故杀敌者，怒也〕：指全军上下的士气高

昂。并非指主将个人的愤怒。

[取敌之利者，货也]：指缴获敌方财物，应给士兵物质奖赏。

②[故车战，得车十乘已上]：已，通"以"。是说在车战中凡缴获敌车十辆以上的。

[赏其先得者，而更其旌旗]：就应该奖赏首先缴获的人，并更改其旌旗（即把敌军的旗帜取下换上我军的军旗）。

[车杂而乘之，卒善而养之，是谓胜敌而益强]：车杂而乘之，是说把投降的敌卒夹杂在我军士卒中间。卒善而养之，指对俘虏来的敌方兵卒，要用和善的态度看待而供养他，"是谓胜敌而益强"。这样，打了胜仗，虽有伤亡，而我军却更加强大。

【译文】

（十一）要使军队勇敢杀敌，就要激励部队；要使军队勇于夺取敌人的物资，就要奖赏士兵。在车战中，凡缴获战车十辆以上的，就奖励首先夺得战车的人，并且把车上敌人的旗帜换成自己的旗帜，派出自己的士兵和俘虏来的士兵夹杂乘坐；对俘虏的兵卒要优待和供养他们。这就是所谓越战胜敌人也越加壮大自己。

【试笺】

《孙子》以前，屠杀活埋俘虏，是常见的事，因为当时还不会使用俘虏。而《孙子》能提出"卒善而养之"，实是难能可贵的主张，也是当时社会进步的一种表现。

【校勘】

〔1〕卒善而养之：竹简"善"作"共"，与诸本异。如作"共"，则应释为将所俘敌卒和本军兵卒合编在一起，共养之。当时有无如此做法，待考。姑存竹简文，供后之研究。本文未从竹简。

颺塵車

（十二）故兵贵胜，不贵久。^①（曹操曰：久则不利。兵犹火也，不戢将自焚也。）

【注释】
①［故兵贵胜，不贵久］：兵，用兵。贵胜，贵在速胜。不贵久，就是不要持久。这是全篇的结论：用兵就是要求速胜而不要求持久。

【译文】
（十二）所以，用兵利于速胜，不利于持久。

【试笺】
《孙子》只强调进攻，而少谈防御；只强调速胜，而反对持久。这里就无视了被侵略的弱国，必须坚持持久的防御，等待敌军分散、疲惫，然后乘机反击之，这方面的重要性《孙子》几乎都未谈到。

（十三）故知兵之将，民之司命，国家安危之主也。^①（曹操曰：将贤则国安也。）

【注释】

① ［故知兵之将，民之司命，国家安危之主也］：这里讲的是知道用兵的将帅，是民众的司命。司命即主宰的意思。《楚辞·九歌·大司命》五臣注：“司命，星名，主知生死。”“国家安危之主也”，讲的是了解用兵的将帅是关系国家安危的决定性人物。

【译文】

（十三）所以，懂得用兵的将帅，是民众的“司命”，国家安危的主宰。

【试笺】

《孙子》认为懂得用兵的将领，能使人民得免过多的牺牲，能使国家转危为安，所以可说是人民的救星，国家安全的主宰。主将战略决策正确与否，是战争胜败的最后决定性的因素。将帅指挥正确灵活不但影响胜败，而且也直接影响本军伤亡的多少。可是片面强调"知兵之将"的作用，就不免表现出唯心史观思想的色彩。

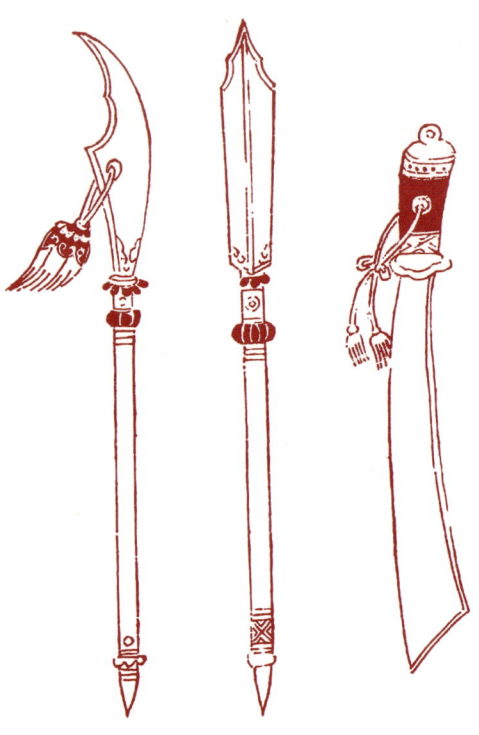

屈刀　　掉刀　　手刀

谋攻篇 第三

曹操曰：欲攻敌，必先谋。

【题解】

　　《谋攻篇》讲的是关于临战前进攻的计谋问题。内容包含：关于全胜的意图；进攻的目标和作战方法；战略指导关系；知胜的方法；收句提出"知彼知己，百战不殆"的名言。

（十四）孙子曰：凡用兵之法，全国为上，破国次之；（曹操曰：兴师深入长驱，距其城郭，绝其内外，敌举国来服为上；以兵击破，败而得之，其次也。）全军为上，破军次之；（曹操曰：《司马法》曰："一万二千五百人为军。"）全旅为上，破旅次之；（曹操曰：五百人为旅。）全卒为上，破卒次之；（曹操曰：一旅已下至一百人也。）全伍为上，破伍次之。[①]（曹操曰：百人已下至五人。）是故百战百胜，非善之善者也；不战而屈人之兵，善之善者也。[②]（曹操曰：未战而战自屈胜，善也。未战而敌自屈服。）

【注释】

① [全国为上，破国次之]：直译就是说使敌国完整地屈服为上策，攻破或打败敌国就差些。《孙子》用"全"字这一概念（范畴）来说明谋攻敌国总的意图或理想。古代哲学思想和军事理论，只是朴素的，这里《孙子》没有阐明如何才能"全国"。所以历来就有各种不同的解释，有些人认为可以解释为用强大军事力量威胁压迫敌人，使之屈服或投降；或用政治手段和经济力量使敌屈服，成为附庸；或通过收买敌国内有野心的人物，颠覆其政权等手段都包括在内。大国吞并小国，在春秋时期不乏实例，甚至到二十世纪初也还见过，但都是在敌对双方力量悬殊的情况下发生的。

[全军为上，破军次之]：（军，据曹注引《司马法》曰："一万五千五百人为军。"也含有对方全国的军队的意思）全军为上指使敌人全军屈服投诚为上策。破军，指击破、打败、消灭，就差些。

[全旅为上，破旅次之]：（旅，五百人为旅）使敌全旅屈服是上策，消灭或击溃一个旅就差些。

[全卒为上，破卒次之]：（卒，一百人为卒）使敌全卒屈服是上策，消灭或击溃一卒就差些。

［全伍为上，破伍次之］：（伍，五人为伍）也都是指使他们全部屈服为上策，打败或击溃，就差些了。从全军为上到全伍为上，在军事上说也可以解释为全部消灭敌人。不过这里所说的全部消灭敌人，并不是说要把敌军全部打死，而是除击毙、击伤外还包括俘虏、自动放下武器和战场起义在内。简称"全歼"。

　　②［是故百战百胜，非善之善者也］："百战百胜"的将军自古以来就少有。所谓"百战百胜"只是理想的说法，而《孙子》认为"非善之善者也"，"善之善"意即最善的战争指导，或最高明的用兵。"非善之善者也"，即还不算是最好的谋攻，不战而使敌人屈服，才算是"善之善者也"。一般说来国与国之间或某一国家集团与另一集团之间的矛盾，并不是什么时间都会爆发战争，而是在矛盾发展到不得不用战争这种最高的斗争形式时才会发生。到了双方矛盾激化到以兵戎相见，想不战而屈人之兵，这是不现实的。只有在战争进行到后期即大势已定，局部的敌军才可能不战而降。这种特殊情况，也是战而屈人之兵的最后结果（例如解放战争中没有天津之战，就不能取得北平的和平解放和绥远的方式。后来共有六个省市和平解决，表面看是

"不战而屈人之兵"，实际是二十二年战而屈人之兵之结果。而六省市中还有西藏奴隶主反动势力挟达赖喇嘛的叛乱，是屈人之兵而依然不得不战也）。

【译文】

（十四）孙子说：指导战争的法则是，使敌人举国完整地屈服是上策，击破敌国就差些；使敌人全军完整地降服是上策，击破敌人的军就差些；使敌人全"旅"完整地降服是上策，击破敌人的"旅"就差些；使敌人全"卒"完整地降服是上策，击破敌人的"卒"就差些；使敌人全"伍"完整地降服是上策，击破敌人的"伍"就差些。因此，百战百胜，还不算高明中最高明的，不战而使敌人屈服，才算得是高明中最高明的呀！

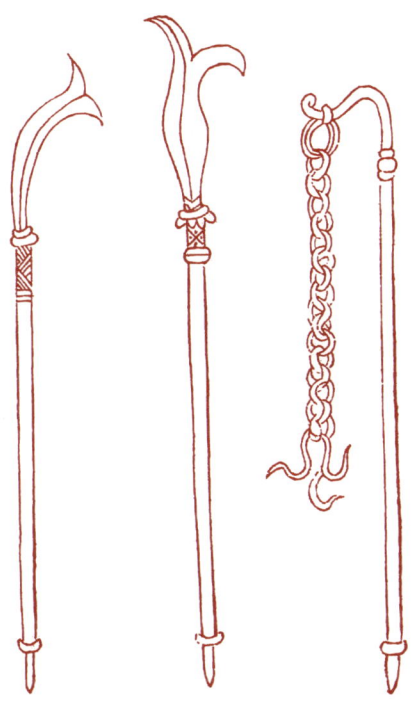

火鎌　　火鈎　　鐵猫

（十五）故上兵伐谋，（曹操曰：敌始有谋，伐之易也。）其次伐交，（曹操曰：交，将合也。）其次伐兵，（曹操曰：兵形已成也。）其下攻城。①（曹操曰：敌国已收其外粮城守，攻之为下攻也。）攻城之法为不得已。②修橹轒辒、具器械，三月而后成；距闉，又三月而后已。③（曹操曰：修，治也。橹，大楯也。轒辒者，轒床也。轒床其下四轮，从中推之至城下也。具，备也。器械者，机关攻守之总名，飞楼云梯之属。距闉者，踊土积高而前，以附其城也。）将不胜其忿，而蚁附之，杀士三分之一，而城不拔者，此攻之灾也。④（曹操曰：将忿不待攻城器，而使士卒缘城而上，如蚁之缘墙，杀伤士卒也。）故善用兵者，屈人之兵而非战也，拔人之城而非攻也，破人之国而非久也[1]，（曹操曰：毁灭人国，不久露师也。）必以全争于天下，故兵不顿，而利可全，此谋攻之法也。⑤（曹操曰：不与敌战，而必完全得之，立胜于天下，不顿兵血刃也。)

【注释】

①［上兵伐谋］:《孙子》把谋攻的方法分为四类:（一）伐谋;（二）伐交;（三）伐兵;（四）攻城。所谓"上兵伐谋"，是说敌方开始计谋之时，我应及早查明敌之政治和作战动向，以巧妙的计谋使敌人的计谋不能得逞。这被《孙子》称为"上兵"即用兵中的上策。

［其次伐交］:所谓"伐交"，就是在外交上战胜敌人（曹注:"交，将合也。"十家注中有人把"交"释为兵将交战，也有人把"交"指为交合强国）。这里"交"作外交解。"伐交"，在外交上打击敌人。

［其次伐兵］:指以敌人军队为作战目标，目的在于消灭敌之有生力量。

［其下攻城］:"攻城"，以城堡为作战目标，"攻城"被《孙子》看作是下策，不得已时才去强攻敌之城寨。这就是谋攻的四类方法。

②［攻城之法为不得已］:是说攻城的方法是不得已才用的。

③［修橹轒辒（fén wēn 焚温）］：修，制造。橹，按曹注为大盾。轒辒，古代攻城用的兵车，上蒙以生牛皮，可掩护十人，下有四轮，可推向敌城，往来运土填堑，以防城上矢石的攻击。它只能掩护攻城部队接近城堡，而不能摧毁城堡。修橹轒辒，指建有楼橹的巢车。

［具器械，三月而后成］：准备攻城器械要用很长的时间。

［距闉（yīn 因），又三月而后已］：闉，通"堙"，高于敌人城墙的土山，构筑这种攻城的土山，可以向城上的敌兵射箭，以便掩护部队攻城。三月而后已，泛指攻城的准备时间需要很久。这里用修具攻城器械、构筑土山，要费很大人力财力，还要很长时间来形容攻城准备的困难。

④［将不胜其忿，而蚁附之］：指主将忿怒急躁，驱使士卒像蝼蚁一般去爬城。

［杀士三分之一，而城不拔者，此攻之灾也］：是说这样打法将使士卒伤亡三分之一（这是描述伤亡很大），而城还是打不下来，这是攻城造成的祸害。以上是《孙子》反对攻城的理由。当时无攻城炮火，又缺乏其他攻城器械，避免攻城的主张是正确的；由此引出在野战中机动消灭敌人的思想。这

是《孙子》的贡献。

　　⑤［故善用兵者，屈人之兵而非战也］：善用兵者，即善于领导战争的人。屈，屈服；屈人之兵，指使敌人的军队屈服。而非战也，非战是讲不用战斗的方法，而使敌兵屈服投降。

　　［拔人之城而非攻也］：拔，攻占、夺取。拔人之城即攻占敌人的城堡。而非攻也，是说要想方设法夺取敌人的城堡而不采取硬攻。

　　［破人之国而非久也］：是指攻破（或灭亡）敌人的国家，而非久也，即不须旷日持久。

　　［必以全争于天下］：是说一定要设法使用全胜的计谋，争取于天下。

　　［故兵不顿，而利可全］："顿"通"钝"，挫伤，困踬。是说这样军队不至受到挫折，而胜利可以完满取得。

　　［此谋攻之法也］：这就是运用谋略进攻敌人的法则。

【译文】

　　（十五）所以，指导战争的上策是挫败敌人的战略计谋，其次是挫败敌人的外交，再次是进攻敌人的军队，下策是攻城。攻城的办法是不得已的。

制造攻城的巢车和辒辒，准备攻城器械，三个月才能完成；构筑攻城的土山又要三个月才能竣工。将帅不胜其忿怒，驱使他的军队像蚂蚁一般地去爬城，士兵伤亡三分之一，而城还是攻不下来，这就是攻城的灾害呀！所以善于指导战争的人，屈服敌人的军队不用硬打，夺取敌人的城堡不用硬攻，灭亡敌人的国家不须旷日持久。一定要用全胜的计谋争胜于天下，这样军队不致受到挫伤，而胜利可以完满取得。这就是谋划进攻的法则。

【试笺】

《孙子》在谋攻中，把进攻分为"伐谋"、"伐交"、"伐兵"和"攻城"四种作战形式。其中"伐兵"、"攻城"都是属于军事行动，而"伐谋"、"伐交"则超过军事行动而属于政治战略范畴。他接着上文再次申述他的"全"的思想：他设想"屈人之兵而非战也"，"拔人之城而非攻也"，"破人之国而非久也"，"必以全争于天下，故兵不顿，而利可全"。如何能达到这"全"的目的呢？他没有具体地讲，不过也可以给后代军事家以一定的思想启发。但是，从理论上说，一般地提"不战而屈人之兵"是唯心论的表现。参见（十四）节注②。

〔1〕破人之国而非久也：十家本、《武经》本"破"均作"毁"，竹简作"破"，破的含义包括打破、打败、灭亡等，也包括毁的意思。毁只有毁灭的意思，两字中，破字含义更宽。故从之。

蒺
藜
鎗

抓
鎗

短
錐
鎗

短
刃
鎗

（十六）故用兵之法，十则围之，（曹操曰：以十敌一，则围之，是将智勇等而兵利钝均也。若主弱客强，操所以倍兵围下邳生擒吕布也。）五则攻之，（曹操曰：以五敌一，则三术为正，二术为奇。）倍则分之，（曹操曰：以二敌一，则一术为正，一术为奇。）敌则能战之，（曹操曰：己与敌人众等，善者犹当设伏奇以胜之。）少则能逃之，不若则能避之。①（曹操曰：高壁坚垒，勿与战也。）故小敌之坚，（曹操曰：引兵避之也。）大敌之擒也。②（曹操曰：小不能当大也。）

【注释】

①［用兵之法］：这里指用兵之法根据敌我强弱大小的不同而采取不同的方针，即下文所说敌我众寡强弱不同的六种情况和根据不同情况所应采取的作战方针。

［十则围之］："十"是极言其多，并非具体的规定。意即我拥有数量上绝对优势的兵力，就可以包

围敌人；使敌全部屈服或被消灭。实际上为了全歼敌军，不需要多到十倍，事实上也难做到（解放战争中我军集中兵力的要求最多只到六倍于敌）。

［五则攻之］：是说数量上有五倍于敌的兵力，就可以进攻。其实有五倍的优势兵力，就可以四面包围敌人（红军战争中有名的龙冈战斗全歼张辉瓒部，使敌未走掉一兵一卒，而我军兵力仅为敌之三倍）。

［倍则分之］：倍，我的兵力多于敌一倍，即敌一我二，兵力数量上已有相对优势，但《孙子》认为还不够，还要设法使敌人兵力再分散些，这样我之兵力就能显得更明显的优势。以上三句，都是要求集中优势兵力，要超过敌人两倍以上，这样才有把握全部消灭敌人。这是在集中优势兵力问题上《孙子》的卓见和特点。有人主张应改为"倍则能战之"，是不懂得要集中多于两倍以上兵力的必要。

［敌则能战之］：敌，敌我兵力相等。能，这里作助动词用。能战之，是假设在不预期遭遇中，敌我兵力相等，我应果断、勇猛，善于向敌薄弱部分猛攻，善战而胜之。（这里暂借一个现代的战例，聊供参考。红军战争中红三军老营盘〈兴国县北〉之战，我军先到，占领路旁小山，稍过一会，

敌蒋鼎文师之先头旅到来向我猛攻，我从敌侧后夹击之，全歼了这个旅之三个团。当时红三军实际兵力也只相当于三个团。）这是根据情况能战则战之。有人认为应改为"敌则能分之"，不懂得势不及分，更不易分。

［少则能逃之］：少，我军兵力数量上少于敌军。逃，奔走，逃避，决不是逃跑。有人说"逃"当读"挑"，挑，挠也。或把"逃"字改为"守"，或改为"坚战"，都是错的。曹操在"少则能逃之"句下注云："高壁坚垒勿与战也"，他在遇马超已占领潼关，急速引兵北渡黄河，自领百人掩护，被马超派万人追之，曹在许褚胯下狼狈逃过黄河，何曾"高壁坚垒"？还不是"逃之"吗？诸葛亮说他"殆死于潼关"（即差一点死于潼关），就是讲这次战斗。凡误作"守"或"坚战"的，都可能被击败，或被俘。

［不若则能避之］：不若，指敌强我弱；则能避之，是说就是避免决战。这和上句"少则能逃之"意思基本相同。不宜战则"逃之"、"避之"，能打就打，不能打就走。这是在野战中机动灵活的表现。后三句是根据不同情况而应采取的不同作法。主要是讲能打就打，不能打就走。这同许多

装备少、差，兵力弱小而进行游击战争的打法很类似。能打就打，不能打就走，能打而不打就失去战机，不能打而硬要打，就要冒险而会打败仗，甚至被俘。这是关系军队胜败存亡之举，不单是书生纸上之谈。古代研究《孙子》的注家们，确有不少缺点，他们当时缺乏科学的方法，他们的注释只能提供一些古代军队编制装备的资料，加些战例，以说明其理解；他们中有些人没有参加过大规模的战争或战役，缺乏实践的体会和见识，这是有其客观条件限制而可以理解不必苛求的。现今我们有了辩证唯物论、历史唯物论的观点和唯物辩证法的方法，本可靠这一科学的观点方法指导这一研究。可惜，阅读《孙子》通俗本的人不少，而研究《孙子》的学者不多。总之，我们之研究《孙子》还很粗浅（包括拙作），还属于研究的初期状态，所以对某些校、注、笺不妥的著作，也应该欢迎，让一些作者畅所欲言，但是明显的是非正误不能不说清楚；明显的错误不得不正面指出。最近翻了若干本有关评论孙子的杂志和校刊，获益不浅。凡是考之有据，言之成理者，都采纳而改正拙译中误注或不妥之处。但也有个别作者"天低吴楚，眼空无物"，斥"历来注家多随文衍义，不察本旨……"特别指出《谋攻篇》中"倍则分之，敌则能战之"，说是"此与孙子军事思想全然不合"（见1981年《孙子新笺》，以下简称《新笺》）。该作者既笔扫"历来注家"，拙译自然难逃指责，而且也确已指名批判了。但我在这里并未指明是哪一省市，是哪一单位发行的什么刊物，更不提作者姓名，以为不值得那样做，但这一大作的题目则不可少。又同一作者于1958年发表《孙子十三篇校笺举要》时还都写了几句礼貌性的文字，也曾提出"少则能逃之"不对，但《新笺》对此并未更正，也未重笺。《新笺》作者认为："倍则分之"应作"倍则战之"，"敌则能战之"应作"敌则能分之"，在上述《校笺》中则说"少则能逃之"应作"少则能守之"这才是"与孙子军事思想全然不合"。既非考之有据（用后人对孙子的解释来校《孙子》是不科学的），又非"言之成理"，恕我冒昧直言，这不是校《孙子》，而是改《孙子》了；而且都改错了。而《新笺》这篇大作与1958年发表的《校笺》的态度也大不相同，傲慢自是，不留商榷余地，在学术讨论中也是罕见的。

②［故小敌之坚，大敌之擒也］：小敌，弱小的军队；"之坚"指如果固执坚守；擒，俘虏。大敌之

擒也，就会被强大军队所俘虏。把"坚"说是"坚战"也是错的，曹注在这二句下曰："小不能当大也。"李筌注："小敌不谅力而坚战者必为大敌所擒也。"这二注都与《新笺》作者的理解相反。

【译文】

（十六）所以用兵的法则，有十倍于敌的兵力就包围敌人，有五倍于敌的兵力就进攻敌人，有一倍于敌的兵力就要设法分散敌人，有与敌相等的兵力就要善于设法击败敌人。兵力比敌人少就要退却，实力比敌人弱，就要避免决战。所以弱小的军队如果固执坚守，就会成为强大敌人的俘虏了。

蛾眉鏟　鏠鎚　驢耳刀　烈鑚

（十七）夫将者，国之辅也，辅周则国必强，（曹操曰：将周密，谋不泄也。）辅隙则国必弱。[①]（曹操曰：形见于外也。）

【注释】

①［夫将者……］：将，在外独立指挥军队的主将。辅，增强车轮支力的辅木。周，亲密无间。隙，相互之间意见不合，不和睦。这句全文的意思是说：主将是国家的支柱，主将和国君之间的关系密切，则国家必能强盛，主将和国君的关系不和睦，则国家就必然会衰弱。

【译文】

（十七）将帅好比是国家的辅木，将帅和国家的关系如同辅车相依。如果相依无间，国家一定强盛；相依有隙，国家一定衰弱。

【试笺】

《孙子》把军队的统帅看成辅助国家的骨干，关系国家之强弱，这在战国初期有其特殊的背景。

不过强调将之作用似乎过高。我们认为只有国家的政治进步，经济富饶，军队装备和训练好，才能培养出善战的将军，而善战的将军和在他指挥下的军队建设和训练好坏，只是国家政权强弱的一个基本因素，对国家的强弱只能起一定的作用。将和军队，都是以经济发展、政治进步为基础。过分强调将和个人作用，不是唯物史观的见解。

（十八）故君之所以患于军者三[1]：不知军之不可以进而谓之进，不知军之不可以退而谓之退，是为縻军；（曹操曰：縻，御也。）不知三军之事，而同三军之政者，则军士惑矣；（曹操曰：军容不入国，国容不入军，礼不可以治兵也。）不知三军之权，而同三军之任，则军士疑矣。①（曹操曰：不得其人意也。）三军既惑且疑，则诸侯之难至矣，是谓乱军引胜。②（曹操曰：引，夺也。）

【注释】

①［故君之所以患于军者三］：是讲国君（诸侯）之为害于军者有三种情况。

［不知军之不可以进而谓之进，不知军之不可以退而谓之退，是为縻军］：縻（mí迷），羁绊，牵制，控制（有人把縻释为"碎灭"是不当的）。军之进退当视前线敌我态势地形等条件决定，诸侯王远在后方，遥加控制不可能符合前方实际情况，所以《孙子》叫它为縻军。

［不知三军之事，而同三军之政者，则军士惑

矣〕：国君不了解军队内部管理、教育、奖罚等具体情况，而要参加或干预军队行政，这样就会使下级官吏疑惑。

〔不知三军之权，而同三军之任，则军士疑矣〕：三军之权是指前方发生新的情况，必须及时随机应变，如果遇事不论大小都必须上报国君，国君总要指示一套，则必然贻误战机；如朝令夕改，也使军队对指挥产生怀疑。

②〔三军既惑且疑，则诸侯之难至矣〕：自己军中疑惑不安，别国诸侯难免不乘机来犯。

〔是谓乱军引胜〕：这样做法就是搞乱军队，自取失败。

【译文】

（十八）国君可能使军队受到祸害的〔情况〕有三种：不懂得军队不可以前进而硬叫它前进，不懂得军队不可以后退而硬叫它后退，这叫做牵制军队；不懂得军队的内部事情而干预军事行政，就会使官兵迷惑；不懂得军事的权变而干预军队指挥，就会使军队怀疑。军队既迷惑而且怀疑，列国诸侯就会乘机而来为难。这就是所谓搞乱军队，自己引来敌人的胜利。

【校勘】

〔1〕故君之所以患于军者三：十家本、《武经》本"军"上有"于"字，竹简无"于"字，"于"字不必要略之。明《武经七书直解》作"军之所以患于君者三"，改得不好，其实都是指君主为患于军。而不是军为患于君主。

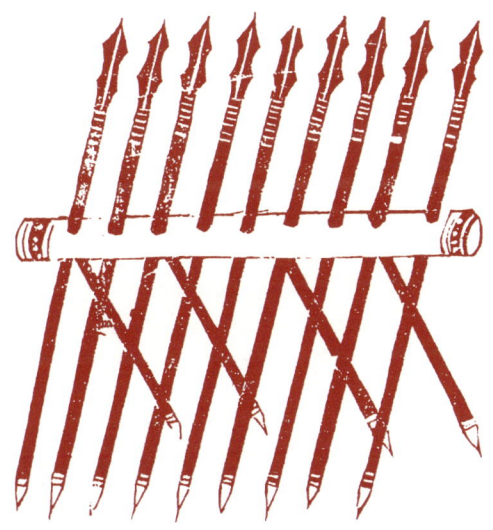

拒馬鎗

（十九）故知胜有五：知可以战与不可以战者胜，识众寡之用者胜[1]，上下同欲者胜，（曹操曰：君臣同欲。）以虞待不虞者胜，将能而君不御者胜。①（曹操曰：《司马法》曰，"进退惟时，无曰寡人"也。）此五者，知胜之道也。②（曹操曰：此上五事也。）

【注释】

①［故知胜有五］：知胜，是指可以看到具备胜利的现有条件必然可以取胜。有五，指下述五个方面。

［知可以战与不可以战者胜］：就是说：能判明敌我情况知道能打胜就打，知道不能打胜就不打，有这种判断力的就会打胜仗。

［识众寡之用者胜］：众，指大军。寡，指小部队。懂得指挥小部队也懂得指挥大兵团的，就会胜利。

［上下同欲者胜］：国内上下、军中上下有共同的利益的可以胜利。

［以虞待不虞者胜］：虞，准备。即随时有作战

准备以等待没有准备的军队，这样就会胜利。

[将能而君不御者胜]：御：驾驭，即控制。将有指挥才能而国君不加控制的就会胜利。

②[此五者，知胜之道也]：军队有这五种情况，就可以看出有胜利的可能。

【译文】

（十九）有五种情况可以预见到胜利：凡是能看清情况知道可以打或不可以打的，就能胜利；懂得多兵的用法也懂得少兵的用法的，就能胜利；官兵有共同欲望的，就能胜利；自己有准备以对付疏忽懈怠的敌人的，就能胜利；将帅有指挥才能而国君不加以控制的，就能胜利。这五条，是预见胜利的方法。

【校勘】

〔1〕识众寡之用者胜：十家本、《武经》本"众"上一字均作"识"，竹简作"知"，义同。

（二十）故曰：知彼知己，百战不殆；不知彼而知己，一胜一负；不知彼，不知己，每战必殆。①

【注释】

①［知彼知己，百战不殆］：殆，危险。"知彼知己"，指了解敌人各方面情况也了解自己的强处和缺点的，了解了敌情也了解了本军情况，有把握才打，没有把握就不打，所以说"百战不殆"，即每次作战都没有危险。

［不知彼而知己，一胜一负］："不知彼而知己"，即不知敌人一方情况，只知道自己的情况。"一胜一负"指胜败的可能都只有一半，即可能打胜，也可能打败。这里也包含知彼而不知己，即只知敌人情况，只看到敌人弱点，而不了解自己军队能打不能打，这也是属于胜败的可能各半，即可能打胜，也可能打败。

［不知彼，不知己，每战必殆］：指既不了解敌情，又不了解自己，不了解自己军队能打不能打。这样的军队"每战必殆"，即每次交战都一定有危险，即都会打败仗。

【译文】

（二十）所以说，了解敌人，了解自己，百战都不会有危险；不了解敌人而了解自己，胜败的可能各半；不了解敌人也不了解自己，那就每战都有危险了。

【试笺】

《孙子》提出"知彼知己，百战不殆"的著名原则，揭示了战争的一般规律，至今仍然是科学的真理（这两句名言，易懂易记，可使用原文，不必译）。

木罌

形篇 第四

曹操曰：军之形也。我动彼应，两敌相察，情也。

【题解】

《孙子》用"形"这一概念（范畴）名篇，全篇主要是讲战争的胜败是由客观物质条件为基础而决定，并讲如何善于利用这些条件。形，简单地说就是有形的物质。《孙子》不把这种客观物质力量看成死的、静止的、孤立的。他在篇末用"决积水于千仞之溪者，形也"这样形象思维来指明要把物质力量集中，并决开这积水，让它从八百丈陡溪上倾泻而下，这种迅猛的运动速度乘积水的重量以加强其冲击的能量。把物质看成运动中的物质，这在古代军事理论家中可算是难能可贵的。

（二十一）孙子曰：昔之善战者，先为不可胜，以待敌之可胜。①（曹操曰：自修理，以待敌之虚懈也。）不可胜在己，可胜在敌。②故善战者，能为不可胜，不能使敌之必可胜[1]。③故曰：胜可知，（曹操曰：见成形也。）而不可为。④不可胜者，守也；（曹操曰：敌有备故也。）可胜者，攻也[2]。⑤（曹操曰：藏形也。）守则不足，（曹操曰：敌攻己，乃可胜。）攻则有余[3]。⑥（曹操曰：吾所以守者，力不足也；所以攻者，力有余也。）善守者，藏于九地之下；善攻者，动于九天之上[4]。（曹操曰：因山川丘陵之固者，藏于九地之下；因天时之变者，动于九天之上。）故能自保而全胜也。⑦

【注释】

①〔昔之善战者，先为不可胜，以待敌之可胜〕：从来善于指导战争的人，总是先消灭自己的弱点，使敌人无隙可寻，不会被敌胜我，以此来等待敌人发生错误，暴露弱点，使我有机会战胜敌人。

②〔不可胜在己，可胜在敌〕：消灭自己的弱点，使敌不能胜我，这权操在我们自己手里，敌人犯不犯错误，什么时候暴露弱点使我可战胜敌人，这事属于敌人。

③〔故善战者，能为不可胜〕：指我先主动地自己消灭弱点，为不可胜，亦即立于不败之地。

〔不能使敌之必可胜〕：指不能使敌人一定犯错误暴露弱点而为我所战胜。

④〔故曰：胜可知，而不可为〕："胜可知"，指能否胜利是可以预见到的。"而不可为"，是说缺乏客观条件，则不能凭主观愿望使敌人为我所胜，所以说是不可为。

⑤〔不可胜者，守也〕：这里"不可胜者"指上文"先为不可胜"；"守也"讲这是属于防御方面（兵力集中、警戒森严都属这方面）的事情。

［可胜者，攻也］："可胜者"，指敌已暴露弱点，我可以胜敌。"攻也"，这是属于进攻方面的事情（指正确判断敌之弱点，作战部署适当，选用部队正确等等）。　上述解释再三检查并无错误，而被指名批为"下句则未切"（《新笺》）。不知"不切"在哪里？应如何才切？《新笺》作者笔扫历来注家："随文衍义，不察本旨"，当然"未切"之注必不在外。如果有人也用"随文衍义，不察本旨"这两句话来回敬《新笺》作者。不知《新笺》作者有无自知之明？能否自我反省？抑或能否在战争实践中来检验谁是真理？！

⑥［守则不足，攻则有余］：所以采取防御，是因为兵力不足；所以采取进攻，是因为兵力有余。曹注也认为："吾所以守者，力不足也；所以攻者，力有余也。"《新笺》作者断定："守则有余，攻则不足。"这乃孙子原文。这真是"不察本旨"了，《新笺》作者何不作一切合战争实践的说明？！

⑦［善守者，藏于九地之下；善攻者，动于九天之上］：九，泛指多数。不是具体的规定。藏于九地之下、动于九天之上，有两种含义：其一，九地之下，言极其深密地隐藏自己的力量。九天之上，言极其高明地发挥自己的威力。如梅尧臣注：

"九地，言深不可知；九天，言高不可测。"其二，九地，言善于利用各种地形以为坚固防守；九天，言善于利用天时天候主动地选择进攻时间。如曹注："因山川丘陵之固者，藏于九地之下；因天时之变者，动于九天之上。"先后两说都讲得通。为了不失原意，所以译文把这两种意思都包括在内。

【译文】

（二十一）孙子说：从前会打仗的人，先要造成不会被敌战胜的条件，来等待可以战胜敌人的机会。不会被敌战胜，这权力操在我军自己手中。可不可能战胜敌人，却在于敌人〔是否犯错误暴露了弱点〕。所以会打仗的人，能够做到不会被战胜，而不能使敌人一定出现被我战胜的情况。所以说，胜利可以预见到，而不能凭主观愿望去强求。使敌不能胜我，这是属于防守方面的事；使我可以胜敌，这是属于进攻方面的事。采取防守，是由于兵力不足（我方暂处劣势）；采取进攻，是由于兵力有余（我方兵力已拥有优势）。善于防守的人，深深隐蔽自己兵力于各种地形之下；善于进攻的人，高度发挥自己力量，动作于各种天候之中。所以能保存自己而取得完全消灭敌人的胜利。

〔1〕不能使敌之必可胜：《武经》本于"之"字下有"必"字，竹简于"敌"字下无"之"字，今从《武经》本增"必"字，留"之"字。

〔2〕不可胜者，守也；可胜者，攻也：十家本、《武经》本于两"胜"字下有"者"字，竹简无此两"者"字。有两"者"字含有"不可胜"和"可胜"两种事物和措施之意，所以应有"者"字。

〔3〕守则不足，攻则有余：十家本、《武经》本皆作"守则不足，攻则有余"。竹简作"守则有余，攻则不足"。未从之。

〔4〕善守者，藏于九地之下；善攻者，动于九天之上：十家本、《武经》本作"善守者，藏于九地之下，善攻者，动于九天之上"。而竹简甲、乙本均作"昔善守者藏九地之下动九……"。无"善攻者"三字，疑竹简抄漏。因善守者不可能"动于九天之上"。故未从之。

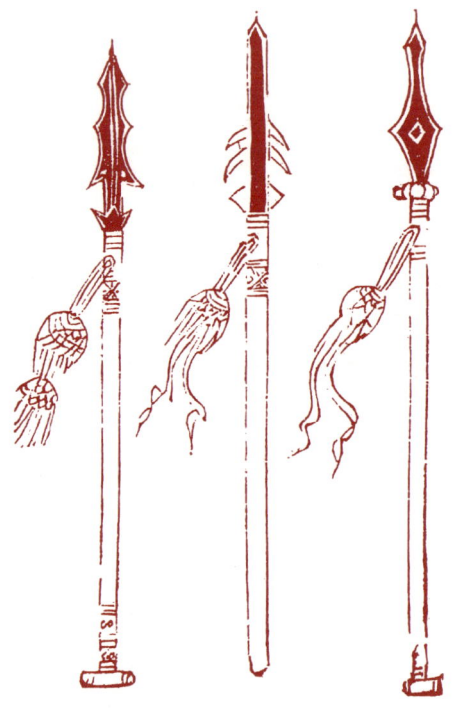

拐刃鎗　　　抓鎗　　　拐突鎗

（二十二）见胜不过众人之所知，非善之善者也；战胜而天下曰善，非善之善者也。[1]（曹操曰：当见未萌。）故举秋毫不为多力，（曹操曰：争锋也。）见日月不为明目，闻雷霆不为聪耳。[2]（曹操曰：易见闻也。）古之所谓善战者，胜于易胜者也。[3]（曹操曰：原微易胜，攻其可胜，不攻其不可胜也。）故善战者之胜也，无智名，无勇功。[4]（曹操曰：敌兵形未成，胜之无赫赫之功也。）故其战胜不忒[1]。不忒者，其所措必胜，胜已败者也。[5]（曹操曰：察敌必可败，不差忒也。）故善战者，立于不败之地，而不失敌之败也。[6]是故胜兵先胜而后求战，败兵先战而后求胜。[7]（曹操曰：有谋与无虑也。）善用兵者，修道而保法，故能为胜败之政。[8]（曹操曰：善用兵者，先自修治，为不可胜之道；保法度，不失敌之败乱也。）

【注释】

①［见胜不过众人之所知，非善之善者也］：见胜，指看到人家打了胜仗，这是大家都看得见的，大家都知道的，这不过是一般人的见识。"非善之善者也"，直译就是不算得好中之好的，或说算不得什么高明（这里"善之善"似指交战外的第三者）。

［战胜而天下曰善，非善之善者也］：战胜，即打了胜仗。天下，指普天之下，即现在所说的全世界各国。此句意为：打了胜仗，天下曰善，各国都称赞说打得好，也算不得什么了不起的高明。

②［故举秋毫不为多力，见日月不为明目，闻雷霆不为聪耳］："故"在这里是承接词，连接下面三种举例：一、拿得起秋天极其轻的一根毫毛，算不得大力。二、看得到日、月那种人人都看得见的东西算不得眼睛明亮。三、听得见雷响那样人人都听得到的巨响，算不得聪耳。孙子用这几句明显的比方来形容打了胜仗，天下叫好，这没有什么了不起。《孙子》这一段的用意，是从反面说明要在仗未打起就能预料到谁胜谁败，仗已打了，要能察觉到是怎样运用计谋而打胜的，那样才算高明的

见解。

③［古之所谓善战者，胜于易胜者也］：古来所谓善于指挥作战的人，是在容易胜利的条件下战胜敌人。

④［故善战者之胜也，无智名，无勇功］：这段话是说：古来真正善于指导战争的人，在战略部署早已布置好使敌人必败的部署。所以打起来很容易就取得胜利，没有什么巧计多谋、勇猛战功传出来。

⑤［故其战胜不忒。不忒者，其所措必胜，胜已败者也］：不忒（tè 特），指没有差错。意思是说：善于指挥战争的人，他的战略措施，作战部署十分周密，保障一定能胜利，这是战胜已经处于失败境地的敌人。

⑥［故善战者，立于不败之地，而不失敌之败也］：意即自己先立于不败之地，而不放过使敌失败的机会。《孙子》认为这才算得"善战者"。

⑦［是故胜兵先胜而后求战，败兵先战而后求胜］：胜兵，胜利的军队。先胜而后求战，即先充分准备了胜利的条件，然后求战。败兵，失败的军队。先战而后求胜，是缺乏胜利的条件，先冒险同敌方交战，而企图侥幸的胜利。

⑧［善用兵者，修道而保法，故能为胜败之

政）：修道，即修明政治。保法，即严守法制。能为胜败之政，即能掌握胜败的决定权。

【译文】

（二十二）预见到胜利，不超过一般人的见识，算不得最高明；打了胜仗普天下都说打得好，这也算不得了不起的高明。这就像举得起秋天的毫毛（极言其轻）算不得大力，看得见日月算不得眼明，听得见雷霆算不得耳聪一样。古来所说的善于打仗的人，都是在容易取胜的条件下战胜敌人的。所以善于打仗的人打了胜仗，并没有智谋的名声，也没有勇猛的武功。所以他取得胜利，不会有差错。其所以不会有差错，是因为他的战略措施先造成必胜的条件，战胜已处于失败地位的敌人。善于打仗的人，总是使自己处于不败的地位，而不放过使敌人失败的机会。因此胜利的军队先有了胜利的把握，才寻找敌人交战；失败的军队往往是先冒险同敌人交战，企图在作战中去求侥幸的胜利。善于领导战争的人，修明政治，确保法制，所以能掌握胜败的决定权。

《孙子》提出："先为不可胜，以待敌之可胜"，这是在军事上有普遍的规律性的名言。他认为"胜可知，而不可为"，在本篇着重讲战争的胜败首先决定于物质条件，所以只讲到可知而不可为，即战争的胜负是可以从双方有形的客观条件对比中预料到的，但不能超越客观条件企求胜利。这反映古代朴素唯物论的战争观，而在后文"虚实篇"第四十三段，则又讲"胜可为也"（详后）。这样把由"不可为"到"可为"，由"可知"到"可为"之间的相互关系分割开了，在理论上或逻辑上看总不免是个缺陷，但在古代则是难能可贵的。他指出："守则不足，攻则有余"，根据兵力众寡强弱决定进攻或退守，是非常重要的原则，是唯物论的战争观。他又提出"立于不败之地，而不失敌之败也"，也是千古名言。

【校勘】

〔1〕故其战胜不忒：竹简作"故其胜不贷"。"贷"与"忒"通。

义竿　钐子斧　钩竿

（二十三）兵法：一曰度，二曰量，三曰数，四曰称，五曰胜；（曹操曰：胜败之政，用兵之法，当以此五事称量，知敌之情。）地生度，（曹操曰：因地形势而度之。）度生量，量生数，（曹操曰：知其远近广狭，知其人数也。）数生称，（曹操曰：称量敌孰愈也。）称生胜。[1]（曹操曰：称量之数，故知其胜负所在。）

【注释】

① [兵法：一曰度，二曰量，三曰数，四曰称，五曰胜]：度，计算长短的丈尺叫度，这里度字是指国土的大小，不是指战地，杜牧注也认为是讲"国土大小"。量，计算物产体积多少的升、斗等叫量，这里指物产（主要指粮秣）收获之丰歉。数，数目的多少，这里指户口、人口的多少，即可能征召和供养的兵力数量上之多寡。称，就是"衡"，衡量轻重的斤两叫衡。这里是指敌我双方力量的对比，含义似较衡广而深些，指上述"度"、"量"和"数"所构成的两方面力量对比的轻重，孙子把它

叫做"称"。双方国土有大小，在国土大小基础上，物产就有多有少，户口人丁也有多有少。胜，即胜利。这里指的是胜利的物质基础。

〔地生度〕：敌对双方各有各的国土，双方国土有大有小，于是发生"度"的不同。

〔度生量〕：在双方国土"度"的大小不同的基础上，就产生双方物产有贫有富的"量"的不同。

〔量生数〕：双方物产"量"的不同，就产生双方可能召集征召和供养兵员"数"的多寡。

〔数生称〕：讲的是国土的大小，物产的富贫，兵员的多寡，就构成敌我双方力量对比有轻有重的"称"了。

〔称生胜〕：而这些物质力量对比的轻重不同，就成为胜败的物质基础。这是《孙子》朴素唯物战争观的又一表现。

【译文】

（二十三）军事上有五个范畴：一是"度"，二是"量"，三是"数"，四是"称"，五是"胜"。〔敌对双方都有土地〕有了土地就产生〔土地面积大小不同的〕"度"的问题；〔双方土地面积大小的〕"度"的不同，就产生〔物产资源多少的〕"量"的问题；〔双方物产资源多少的〕"量"的不同，就产生〔能动员和供给兵卒众寡的〕"数"的问题；〔双方人力众寡的〕"数"的不同，就产生〔军事力量轻重对比的〕"称"了；〔双方力量轻重的〕"称"的不同，就产生胜败。

【试笺】

《孙子》在这里所说的"地生度，度生量，量生数，数生称，称生胜"，这是古代战争胜败的根本物质基础，是明显唯物论战争观，讲得简单明了。其实国土大的不一定物产丰，物产丰的应召的兵员不一定多，也不一定强；敌我力量对比称胜的，如果指挥错了也会失败，这是古代唯物论的朴素性。《孙子》主张：开明的政治，能令民与上同意，这里多少反映鼓励农奴或农民的生产积极性，把战争的胜利建立在修明政治、发展封建经济、充实国家财力和物力的客观基础上，这代表新兴地主阶级较没落奴隶主略为开明的思想。

狼牙拍

飛鉤

（二十四）故胜兵若以镒称铢，败兵若以铢称镒。[1]（曹操曰：轻不能举重也。）

【注释】

①［故胜兵若以镒称铢，败兵若以铢称镒］：胜兵，指胜利的战争或胜利的军队。镒，古代二十四两为一镒。铢，二十四分之一两为一铢。镒比铢重（24×24）五百七十六倍。这里是形容敌对双方力量对比极其悬殊，一方比另一方重五百七十六倍，用这样绝对优势的力量去进攻敌人，就像用"镒"称"铢"那样轻而易举。反之，另一方力量只有对方五百七十六分之一，用这样绝对劣势的力量去同敌人作战，就像用"铢"称"镒"那样无能为力。因为绝对优势和绝对劣势在战争初期一般说来是很少有的，所以这段话也可以解释为：胜利的战争出现于力量对比好像用"镒"称"铢"那样的绝对优势上，失败的战争发生在力量对比好像用"铢"称"镒"那样的绝对劣势中。

【译文】

（二十四）胜利的军队，在力量对比上，就像用"镒"称"铢"那样占绝对优势〔自然轻而易举，必胜无疑〕；失败的军队，在力量对比上，就像用"铢"称"镒"那样，处于绝对劣势〔自然无能为力，必败无疑〕。

（二十五）胜者[1]之战民也，若决积水于千仞之溪者，形也。① （曹操曰：八尺曰仞。决水千仞，其高势疾也。）

【注释】

①［胜者之战民也，若决积水于千仞之溪者，形也］：仞，周代长度单位，八尺为仞（一说七尺为一仞）。"决积水于千仞之溪"，是说把水堵积在成千丈的水溪上流。水的重量已大得可知，又从而决开积水，使之迅猛奔泻而下，这样大水的重量乘上奔流而下的运动速度，就更加大了在奔流运动中溪水冲击的力量。《孙子》不但重视积水这一物质力量，而且要加上决水于千仞之溪的运动速度，使物质在迅猛的运动中更有冲力。《孙子》把这样的运动的物质，叫做"形"。这是《孙子》把"形"这一范畴用"决积水于千仞之溪"一句这样易懂的形象的语言提示出来。

【译文】

（二十五）胜利者指挥军队作战，就像决开在八百丈高处的溪中积水那样，这是重大的物质在迅猛运动中加强了力量（冲力）的表现呀！

【试笺】

本篇《孙子》提出："先为不可胜，以待敌之可胜。"指出"守则不足，攻则有余"；"善守者，藏于九地之下，善攻者，动于九天之上"；"善战者立于不败之地，而不失敌之败也"。都是杰出的战略命题。最后把战争胜利的基础（或来源）归根于国土之广大、物产之丰富、兵员之众多、敌我力量对比上的绝对优势，最后指出"胜者之战民也，若决积水于千仞之溪者，形也"。《孙子》意在用兵不但应集中优势力量，并要使它在迅猛奔流运动中加强其冲击力量，这就是《孙子》所说的"形"。这是古代唯物论辩证法的军事思想的萌芽，虽是朴素的，却是卓越的。

【校勘】

〔1〕胜者：竹简作："称胜者"，意为力量雄厚的一方。"胜者"则是指胜利的一方。其实质是一样的，故未改。

势篇 第五

曹操曰：用兵任势也。

【题解】

　　上篇《孙子》用"形"这一范畴名篇，本篇则以"势"名。上篇"形"着重讲客观的物质力量，本篇则主要论述主观指导上出奇和造势。前一篇孙子讲的"形"，实质上就是我们现在说的"运动中的物质"，本篇所讲的"势"，实质上就是"物质的运动"。他要求军队组织严密，部署得宜，纪律严明，纵然遭敌突然攻击也必不至失败，即所谓"斗乱而不可乱……形圆而不可败"。它要求"以奇胜"，"善出奇"，奇正多变，"无穷如天地，不竭如江河"。它用质重形圆的大石，从八百丈高山上向下滚动的形象，生动地说明物质在急剧运动中的活力和能量，这就是它所要求造成的"势"。

（二十六）孙子曰：凡治众如治寡，分数是也；（曹操曰：部曲为分，什伍为数。）斗众如斗寡，形名是也；（曹操曰：旌旗曰形，金鼓曰名。）三军之众，可使必受敌而无败者[1]，奇正是也；（曹操曰：先出合战为正，后出为奇。）兵之所加，如以碫投卵者，虚实是也。①（曹操曰：以至实击至虚。）

【注释】

①[凡治众如治寡，分数是也]：分数，按曹注："部曲为分，什伍为数。"即组织编制问题。把军队按一定编制组织起来，并组织得好，那么管理和指挥众多的大军，也同管理指挥少数的部队一样容易了。

[斗众如斗寡，形名是也]：形名，按曹注："旌旗曰形，金鼓曰名。"即具备了指挥通信工具并规定好指挥信号，用以指挥军队。这样，指挥大军同指挥小部队都一样，都能步调一致，听从指挥了。

[三军之众，可使必受敌而无败者，奇正是也]：三军之众，指众多的大军。可使必受敌而无败者，讲即使受敌人突然袭击而有保障一定不致失

败，这就靠有了奇正的部署。奇正，古代军事术语，指奇兵、正兵的战术运用。奇正一般包含以下意思：（一）在军队部署上担任警戒、守备的部队为正，集中机动的主力为奇；担任钳制的为正，担任突击的为奇。（二）在作战方式上，正面攻击为正，迂回侧击为奇；明攻为正，暗袭为奇。（三）按一般原则作战为正，根据具体情况采取特殊的作战方法为奇。军队无论驻军行军，都派出警戒部队（奇）以保卫主力（正），这样即使遭到敌军突然进攻，也一定不会被打败。

［兵之所加，如以碫投卵者，虚实是也］：军队进攻的地方，如以碫投卵者，指就像用石头去打禽蛋那样，（碫〈duàn 段〉，一作"锻"，磨刀石，这里泛指石头。）这是虚实问题，意思就是我军所向，像用石头去打禽蛋那样，这就是要避实击虚，以实击虚。

【译文】

（二十六）孙子说：管理大部队，如同管理小部队一样，这是由于组织得好。指挥大部队作战，如同指挥小部队作战一样，这是由于有规定好了的信号来指挥。统帅全国军队，即使遭受敌人的进攻，也一定不致失败，这是由于"奇正"运用得正确。军队进攻所向如同用石头打鸡蛋一样，这是由于"避实就虚"运用得适宜。

【校勘】

〔1〕可使必受敌而无败者："必"竹简作"毕"，与诸本异。未从之。

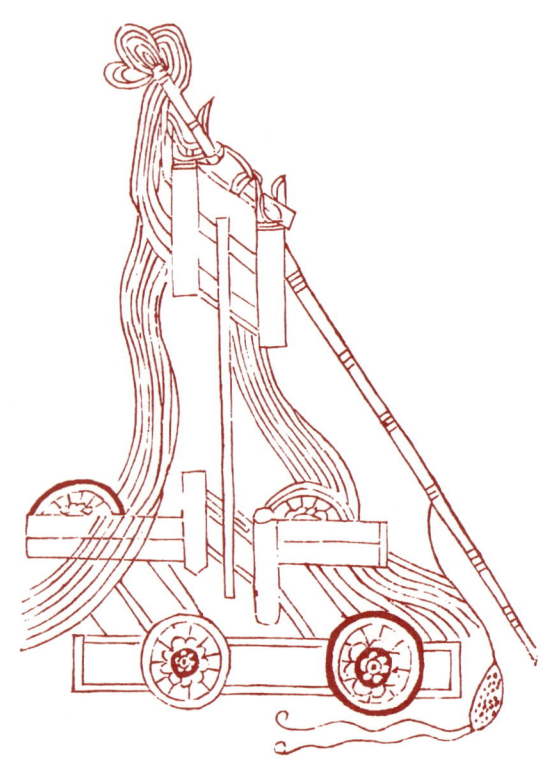

砲
車

（二十七）凡战者，以正合，以奇胜。[1]（曹操曰：正者当敌，奇兵从傍击不备也。）故善出奇者，无穷如天地，不竭如江河[1]。[2]终而复始，日月是也。[3]死而复生，四时是也。[4]声不过五，五声之变，不可胜听也。[5]色不过五，五色之变，不可胜观也。[6]味不过五，五味之变，不可胜尝也。[7]战势不过奇正，奇正之变，不可胜穷也。[8]奇正相生，如环之无端[2]，孰能穷之？[9]（曹操曰：自无穷如天地已下，皆以喻奇正之无穷也。）

【注释】

①［凡战者，以正合，以奇胜］：《孙子》用"奇""正"这两个相互对立的范畴来区分作战部署。所谓"以正合"即使用次要行动在正面钳制敌人，"以奇胜"即集中主力从敌侧后寻其弱点，出其不意攻其无备也。曹注说："正者当敌，奇兵从旁击不备也。"这里先提出奇正，而中心思想是在用各种比方来说明要出奇制胜，而出奇则每次都要有变化。

②〔故善出奇者，无穷如天地，不竭如江河〕：善于出奇的将帅，战法变化就像天地那样运行无穷，像江河那样〔奔流〕不竭。

③〔终而复始，日月是也〕：就像太阳月亮那样每天落山，第二天又出来。

④〔死而复生，四时是也〕：春、夏、秋、冬，一季过去了，另一季又接着来。

⑤〔声不过五，五声之变，不可胜听也〕：五声，即宫、商、角、徵（zhǐ纸）、羽，加上变宫、变徵，实际上和现代的七个音阶完全相同。

⑥〔色不过五，五色之变，不可胜观也〕：五色，红、黄、蓝、白、黑。

⑦〔味不过五，五味之变，不可胜尝也〕：五味，酸、甜、苦、辣、咸。　以上三句是用来补充上文，用人们日常常听、常见和常吃的声、色、味的变化来说明"奇正"之变也同样不可胜穷。

⑧〔战势不过奇正，奇正之变，不可胜穷也〕：是说作战的形势，不外乎奇兵、正兵两种，可是奇、正须互相变化为用，它们之间的变化情况，难以穷尽。

⑨〔奇正相生，如环之无端，孰能穷之〕：是说奇、正的变化，就像圆环那样无始无终，无穷

无尽。

（二十七）作战总是用"正"兵挡敌，用"奇"兵取胜。所以善于出"奇"的将帅，其战法变化就像天地那样〔运行〕无穷，像江河那样〔奔流〕不竭。入而复出，如同日月的运转；去而又来，类似四季的更迭。乐音不过五个音阶，可是五个音阶的变化，就听不胜听；颜色不过五种色素，可是五种色素的变化，就看不胜看；滋味不过五样味素，可是五样味素的变化，就尝不胜尝。作战的形式不过"奇""正"，可是"奇""正"的变化，就无穷无尽。"奇""正"相互转化，就像圆环一样，无始无终，谁能穷尽它呢？！

【试笺】

《孙子》用"五声"、"五色"、"五味"的变化作比喻，要求善战者不但要善于出奇，而且要善于多变。这种用人们所日常见闻的声、色、味的调和变化，来形象说明奇正的变化无穷，是古代朴素的辩证法。现代科学的发达证明不但月球围绕地球旋转而有盈亏现象，地球绕太阳旋转而有四季循环，而且太阳本身也不是"恒星"，它以至银河系也都在运动中。然而，孙子在这段文字中，开头用"以正合，以奇胜"，末后则以"奇正相生，如环之无端，孰能穷之"，把出奇之变化无穷，讲得非常透彻了。

【校勘】

〔1〕不竭如江河：竹简作"无竭如河海"，疑抄误。"不竭如江河"，以江河之长流不竭形容用兵的出奇制胜，变化无穷。江河是指流长，河海是指水深。故未从竹简。

〔2〕奇正相生，如环之无端：十家本、《武经》本作"奇正相生，如循环之无端"。竹简作"奇正环（此环字显系衍文）相生，如环之毋端"。毋与无通。古代西方哲学家也用"环"字形容物质的运动变化。如果用"循环"二字则成了动词，"循环之无端"文字也欠通。今从竹简"奇正相生，如环之无端"。

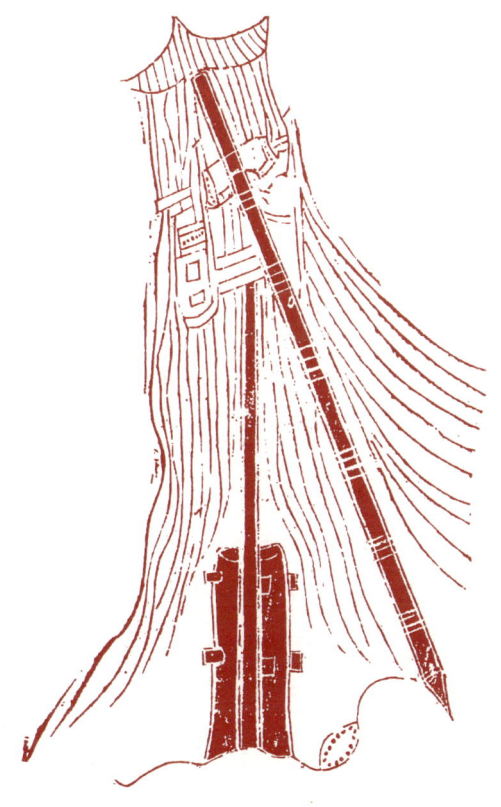

旋風砲

（二十八）激水之疾，至于漂石者，势也；鸷鸟之疾，至于毁折者，节也。①是故善战者，（曹操曰：发起击敌。）其势险，其节短。②（曹操曰：险，犹疾也。短，近也。）势如弩，节如发机。③（曹操曰：在度不远，发则中也。）

【注释】

①［激水之疾，至于漂石者，势也］：激水，激流的水。疾，快。势，气势，物质运动的冲击力。这里用水这一物质，在迅猛奔流的运动中产生的冲力和能量能冲走石头作比喻，说明“势”的含义。即指挥军队作战行动迅猛有力，就能加大对敌的优势而易于取胜。

［鸷鸟之疾，至于毁折者，节也］：鸷鸟之所以能疾击“毁折”（捕杀）其他动物，是因为它有准备地低飞以接近被捕之物，把发起冲击的距离缩短，以便疾击时飞得快而有力。节，即距离。这里指接敌运动距敌愈近，则发起冲击时愈能迅速而突然。这就是“节”的含义。

②［是故善战者，其势险，其节短］：是说善于

指导战争的将帅所造成的"势"险峻，而其出击的距离短促。节短，即距离短。即指隐蔽接近敌人或埋伏路旁，从近距离突然向敌人冲锋的意思。

③〔势如彍弩，节如发机〕：彍（guō郭）弩，弓弩。势就像张满的弓弩，节就像击发弩机。以弯弓射箭为比喻，说明"势"就像张开弓弩，使之达到满弓，节就像发射出箭矢，求其迅猛而射远。

【译文】

（二十八）湍急的水，飞快地奔流，以至能冲走石头，这就叫做"势"。鸷鸟迅飞猛击，以至能捕杀〔小鸟小兽〕，这就叫做"节"。所以善于指挥作战的人，他所造成的态势是惊险的，所发出的节奏是短速的。惊险的势就像张满的弓弩，短速的节奏就像击发弩机〔把箭矢突然射出一般〕。

【试笺】

《孙子》出奇造势的中心命题就是这里所说的"势险"和"节短"。兵贵神速，出其不意，攻其无备，隐蔽地接近敌人到最短距离，突然地猛烈冲击敌人。这种战术原则，至今仍可资借鉴。

（二十九）纷纷纭纭，斗乱而不可乱也；浑浑沌沌，形圆而不可败也。^①（曹操曰：旌旗乱也。示敌若乱，以金鼓齐之。卒骑转而形圆者，出入有道，齐整也。）

【注释】

①［纷纷纭纭，斗乱而不可乱也］：纷纷纭纭，形容杂乱而众多；这里指旌旗纷纷，人马纭纭。斗乱而不可乱也，是说在混乱情况中战斗，能掌握队伍使不至散乱。意即军队组织要严密，纪律要严明，才能在遇到意外不利情况时仍能作战而不至混乱。

［浑浑沌沌，形圆而不可败也］：浑沌二字有混杂不清的意思，沌又有用来形容水的奔流或奔马的形状。浑浑沌沌和上文纷纷纭纭都是形容战争中混乱的形象。我们根据上下文的意思把它译成："战车转动，步卒奔驰"，以接下文。形圆，部署部队如"圆"形，使各方面如果发生情况（如敌人的突然袭击等）都能应付自如。

【译文】

（二十九）旌旗纷纷，人马纭纭，在混乱的战斗中作战，要使军队不混乱；战车转动，步卒奔驰，在迷蒙不清的情况中打仗，要部署得各方面都能对付可能发生的情况而不会被打败。

虎蹲砲

（三十）乱生于治，怯生于勇，弱生于强。^①
（曹操曰：皆毁形匿情也。）治乱，数也；（曹操曰：
以部曲分名数为之，故不乱也。）勇怯，势也；强
弱，形也。^②（曹操曰：形势所宜。）

【注释】

①［乱生于治，怯生于勇，弱生于强］：队伍的
混乱会从严整产生，衰怯的士气会从勇敢的军队中
产生，兵力的衰弱会从强盛的军队中产生。换句话
说：严整的队伍会产生混乱，勇敢的士气会变成畏
怯，强盛的军队会变成衰弱。

②［治乱，数也］：可解释为治和乱是属于组织
纪律的事。也就是警告人们：严整的队伍，约束不
严就会产生混乱。

［勇怯，势也］：勇和怯是属于气势的事。高昂
的士气，如不谨慎遭到挫折，就会变成士气不振。

［强弱，形也］：强和弱是属于有形的实力的
事。强盛的军队如轻敌松懈，就会受到损失而
衰弱。

（三十）混乱从严整中发生，怯懦从勇敢中发生，软弱从坚强中发生。严整或混乱，这是组织编制的好坏问题；勇敢或怯懦，这是态势的优劣问题；强盛或软弱，这是力量大小的表现。

【试笺】

孙子看到"乱"可以从自己的对立面"治"中产生；"怯"可以从自己的对立面"勇"中产生；"弱"可以从自己的对立面"强"中产生。这种矛盾的一方面总是要向另一方转化，正是辩证法运动和发展的规律。为消灭自己的弱点，"先为不可胜"，就必须谨慎从事。他指出"治乱，数也"，要使自己军队保持"治"而不发生"乱"，就必须注意组织严密，纪律严明；"勇怯，势也"，要使军队保持勇猛必须造成有利的态势；"强弱，形也"，要使军队保持强盛的优势而不至转化为衰弱，就要十分谨慎，切忌轻敌、冒进、松懈、大意，时刻保持认真的战备、高昂的士气和严肃的纪律。这里初期表现出《孙子》军事辩证法的朴素思想，即事物会向自己的对立面转化，这是很宝贵的贡献。

（三十一）故善动敌者，形之，敌必从之；（曹操曰：见羸形也。）予之，敌必取之；（曹操曰：以利诱敌，敌远离其垒，而以便势击其空虚孤特也。）以利动之，以卒待之。①（曹操曰：以利动敌也。）

【注释】

①［故善动敌者，形之，敌必从之］：这里"形"字是作动词用，但与形篇的"形"字略有不同，而是把我方佯动的假象故意暴露给敌人看。使敌人信以为真，发生错觉而听从我之调动。

［予之，敌必取之］：即给予敌人小利，能使敌人一定贪利而取之。

［以利动之，以卒待之］：用小利调动敌人，用部队在途中设伏以等待敌人被调动到中途时，掩击而消灭之。

【译文】

（三十一）善于调动敌人的将帅，伪装假象迷惑敌人，敌人就会听从调动；投其所好引诱敌人，敌人就会来夺取。用小利去调动敌人，用重兵来等待〔掩击〕它。

【试笺】

《孙子》指出：要做到善于调动敌人，就要善于"示形"，使敌人发生错觉，以利诱敌，使敌被我调动，我乃乘其立足未稳而攻击之。这是《孙子》关于野战中调动敌人的作战思想，其中已含有后来运动战思想的萌芽。对于这一点，有的同志不承认，有的怀疑，有的采取回避的态度。然而，任何军事思想总有它发生和发展的过程，在《孙子》中就有调动敌人的思想因素，这是难能的。如果把敌人看成死的、不动或不会动的，就不可能有这个"动敌"的思想。这一思想是必须有把敌人看成能动的，并可以设法（"利而诱之"）使之调动的辩证法的思想为基础。这样推论仅供读者参考。

虎
車

（三十二）故善战者，求之于势，不责于人，（曹操曰：求之于势者，专任权也。不责于人者，权变明也。）故能择人而任势。①（曹操曰：任自然势也。）任势者，其战人也，如转木石。②木石之性，安则静，危则动，方则止，圆则行。③故善战人之势，如转圆石于千仞之山者，势也。④

【注释】

①［故善战者，求之于势，不责于人，故能择人而任势］：善于指挥战争的人，把注意力和计谋的考虑放在战略上的造势方面，而不是指靠下面指挥人员打出一个好局面。所以能选择指挥人员，在造成有利的态势下，奋勇作战。

②［任势者，其战人也，如转木石］：依靠造成有利的态势者，他指挥军队打仗就像转动木石。

③［木石之性，安则静，危则动，方则止，圆则行］：接上句阐明用兵像转木石。此句解释木石的特点是"安则静"，安指放木石于安稳的地方，它就能静止下来；"危则动"，危指放在不平而峻陡的地方，它就会滚动。"方则止"，说的是方的木石

放在哪里它都是不会动的。"圆则行"，圆的木石放到哪里都会向低处滚下去。

④［故善战人之势，如转圆石于千仞之山者，势也］：意思是善于造成有利态势、指挥军队打仗的人，他指挥的军队就像推动圆的石头于八百丈高山陡坡上滚下那样自然、飞快而停不住，这就叫做"势"。　上篇《孙子》说："若决积水于千仞之溪者，形也"，这篇则说"如转圆石于千仞之山者，势也"。前者着重在"积水"的物质力量，后者则在转圆石于千仞之山的运动的速度和活力（冲力），以阐明用兵的"任势"。

【译文】

（三十二）善于作战的人，要依靠善于造成有利的态势以取胜，而不苛求将吏的责任。所以要能选择将吏，去利用各种有利的态势。所谓"任势"，是说善于选用将吏指挥作战，就像滚动木头、石头一般。木头、石头的本性，放在安稳平坦的地方就静止，放在险陡倾斜的地方就滚动；方的会静止，圆的会滚动。所以，善于指挥作战的人所造成的有利态势，就像转动圆石从八百丈高山上滚下来那样。这就是所谓势呀！

【试笺】

《孙子》形象地用"决积水"具体地表达"运动的物质"，用"转圆石"表达物质的运动，这是古代物质论和运动论的朴素思想。虽然它未能达到、当时也不可能达到我们今天所说的一切物质都是运动的物质，一切运动都是物质的运动这一认识高度。然而在古代军事理论上能有这种朴素的，然而是唯物辩证的思想，则是难能可贵的。在军事理论上不愧为一大贡献。它把军事力量不仅仅简单看成静止的客观的物质条件（包括"五事、七计"，"地、度、量、数、称"等），而是看成能运动的，要善于使之运动的物质力量。《孙子》对此所作的两个比喻是值得重视的。决开积水于千仞之溪，使之奔泻而下：这样巨大的积水的重量，加上奔流而下的运动速度，就大大加强了积水的冲力和能量，这就是"形"。转动千仞之山的圆石飞滚而下，形成高速度的运动，以加强冲击力和能量，这就是"势"。《孙子》要求善战者要善于"任势"、"造势"，并缩短"节"（冲击的距离）以保证冲击时有猛烈的冲击速度与强大的攻击力。这就是《孙子》对将帅发挥主观能动作用的要求。

虚实篇　第六

曹操曰：能虚实彼己也。

【题解】

"虚实"是《孙子》用这一对对立的范畴为篇名。篇中中心思想，是阐扬虚和实是相互依存，在一定条件下是相互变化的。这里说明敌军有"实"必有"虚"，无论怎样配备，都必然有弱点暴露，而且我能设法造成敌之弱点，然后"避实击虚"。"避实击虚"是孙子战略思想中主要的一个原则。篇中主要论述争取主动，避免被动；造成敌人弱点，迫使或诱使敌之兵力分散疲惫，我则集中兵力，以逸待劳，一发现敌之弱点则应迅速乘虚而入，攻其无备，"因敌而制胜"。于是得出"胜可为也"的结论。篇名《虚实》，竹简作"实虚"，不取。

（三十三）孙子曰：凡先处战地而待敌者佚，后处战地而趋战者劳。①故善战者，致人而不致于人。②（曹操曰：力有余也。）

【注释】

①［凡先处战地而待敌者佚］：即先敌到达并占领所要控制的重要地区，或先敌占领防御阵地，或先敌到达设伏地域。既可以整顿队伍，休息兵力，又可以察明地形、构筑好工事、做好伪装、准备好出击，所以比较安逸。"佚"通"逸"。也就是说有休息整顿的时间。

［后处战地而趋战者劳］：趋（cù促），快步急进。趋战就是被动地快速急进奔赴战场，这样军队就不免疲劳。

②［故善战者，致人而不致于人］：致人，就是

调动敌人；不致于人，就是说不被敌人调动。

【译文】

（三十三）孙子说：凡先到战场等待敌人的就安逸，后到战场奔走应战的就疲劳。所以善于指挥作战的人，能调动敌人而不被敌人调动。

【试笺】

《孙子》讲的"致人而不致于人"就是争取主动，摆脱被动；是军事上普遍性的规律。问题在于怎样才能"致人"？！怎样才能"不致于人"？！这同将帅的能否多谋善断有极大关系。《唐太宗李卫公问对》也说："《孙子》千章万句，无外乎致人而不致于人。"致人而不致于人，就是掌握战场的主动权，也就是军队行动的自由权；这是指导战争的主要原则之一。

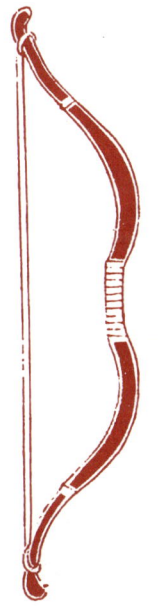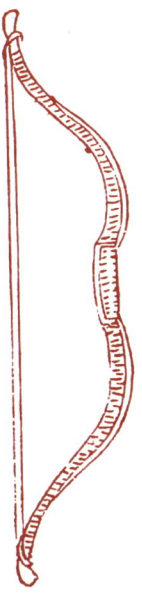

麻背弓　　白樺弓

（三十四）能使敌自至者[1]，利之也；（曹操曰：诱之以利也。）能使敌不得至者，害之也。①（曹操曰：出其所必趋，攻其所必救。）故敌佚能劳之，（曹操曰：以事烦之。）饱能饥之，（曹操曰：绝粮道以饥之。）安能动之。②（曹操曰：攻其所必爱，出其所必趋，则使敌不得不相救也。）

【注释】

①〔能使敌自至者，利之也〕：即能使敌自己来就我，即调动敌人，而调动敌人的方法是用小利去引诱它。曹注："诱之以利，使敌人贪利而就我。"

〔能使敌不得至者，害之也〕：能使敌不得至者，即使敌不能来犯我。害之也，意即设法使敌别有顾虑，无法攻我。十家注中李筌注以孙膑围魏救赵为例。陈皞注以孙武、伍员疲楚为例。

②〔故敌佚能劳之〕："敌佚"（佚，同"逸"）即敌集结休整，以求养精蓄锐，我能设法使之奔走疲劳。曹注："以事烦之。"何氏注引用"吴为三师以扰楚，楚于是乎始病"为例。也就是说用袭击扰乱敌人的办法使之疲劳。

〔饱能饥之〕：饱，指敌军粮秣充足，可以使官兵饱食。能饥之，曹注"绝粮道以饥之"；李牧守云中，坚壁清野，使匈奴攻城不克，野无所掠，后来李牧用数千人畜出诱，匈奴贪利，李牧出主力包围大败之。

〔安能动之〕：敌安于坚城固守，我则攻其所必救，以调动敌人。

【译文】

（三十四）能使敌自动进到我预定地域的，是用小利引诱它；能使敌不能到达其预定地域的，是制造困难阻止了它。所以敌军休息得好，能够使它疲劳；敌军粮食充足，能够使它饥饿；敌军驻扎安稳，能够使它移动。

【校勘】

〔1〕能使敌自至者：十家本、《武经》本作"能使敌人自至者"。竹简作"能使适〔□〕至者"。"适""至"二字间似只能容一个字，似"适"下无"人"字。"能使适自至者"，无人字更顺。

（三十五）出其所不趋^[1]，趋其所不意。^①（曹操曰：使敌不得相往而救之也。）行千里而不劳者，行于无人之地也。^②攻而必取者，攻其所不守也；守而必固者，守其所不攻也。^③（曹操曰：出空击虚，避其所守，击其不意。）

【注释】

①［出其所不趋］：趋（qū区），急走，急救；不趋意即不及急救或无法急救。《新笺》作者在《孙子集校》中曾认为《十家注》古本和《武经》各本作"不趋"，"更合原意"。后在《新笺》中则改变了原来的看法，而倾向于"不趋"应作"必趋"。其实，无论从文意或从军事上看，这段话分明是讲乘虚而入。既要"出其所不趋"又要"趋其所不意"，这样才能"行千里而不劳"，"行于无人之地也"。如作"必趋"，则如何能"行于无人之地"？尽管《新笺》作者引证并谈论了许多赞成"必趋"的意见，都是难以成立的。至于下文："攻其所必救也"，那是讲"故我欲战，敌虽高垒深沟，不得与我战者，攻其所必救也"。前面讲的"必趋"

和后面讲的"必救"是两回事。《集校》也承认"当别为一事"，何健忘之速耶？

[趋其所不意]：意思是向敌人意料不到的方向急进。

②[行千里而不劳者，行于无人之地也]：行千里（言走很长的道路）而不劳，是说不遇到什么抵抗。行于无人之地是说走的是没有敌人防守的地方。

③[攻而必取者，攻其所不守也]：进攻而一定能占领的地方，是因为攻击敌人没有兵守或守兵不足的地方。

[守而必固者，守其所不攻也]：我军防守而一定能巩固，是因为守的是敌军所不攻或无力攻下的地方。

【译文】

（三十五）进军向敌人不及急救的地方，急进向敌人意料不到的方向。行军千里而不劳顿的，是因为走的是没有敌人守备的地区。进攻必然会得手，是因为进攻的是敌人没有防守〔或不易防守〕的地点；防御必然能稳固，是因为扼守的是敌人所不进攻〔或攻不下〕的地方。

【试笺】

　　《计篇》说过"出其不意，攻其无备"，本篇又指出"攻其所不守"。《管子》指出："攻坚则瑕者坚，乘瑕则坚者瑕。"都是避实击虚的战略指导方针和作战指导思想。

【校勘】

　　〔1〕出其所不趋：十家本、《武经》本均作"不趋"，竹简作"必趋"，可能出于抄写之误。从上下文意看，"不趋"比较合乎逻辑。

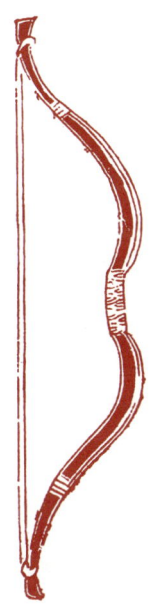

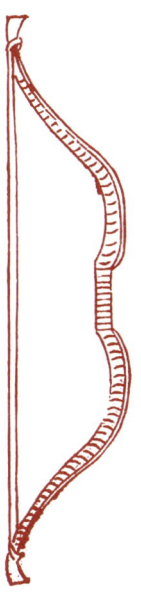

黒漆弓　　　黄樺弓

（三十六）故善攻者，敌不知其所守；善守者，敌不知其所攻。① （曹操曰：情不泄也。）

【注释】

①［故善攻者，敌不知其所守］：是说善于进攻的军队能出乎敌人意料不到的时间和地点，突然攻击敌人的弱点，使敌人措手不及，不知如何防御。

［善守者，敌不知其所攻］：是说善于防御的军队能善于配备设防，高垒深沟，使敌人不知如何攻击。

【译文】

（三十六）所以善于进攻的，敌人不知道怎么防守；善于防御的，敌人不知道怎么进攻。

（三十七）微乎微乎，至于无形，神乎神乎，至于无声，故能为敌之司命。①

【注释】

①［微乎微乎，至于无形］：形容微妙到极点，致使敌人窥探不出形迹。

［神乎神乎，至于无声］：神乎神乎，形容神奇到极点。至于无声，意指我军行动似乎毫无声息，使敌听不见一点动静。

［故能为敌之司命］：司命，神名，这里作主宰解。

【译文】

（三十七）微妙呀！微妙到看不出形迹。神奇呀！神奇到听不见声息。所以能成为敌人的主宰。

（三十八）进而不可御者，冲其虚也；退而不可追者，速而不可及也。① （曹操曰：卒往进攻其虚懈，退又疾也。） 故我欲战，敌虽高垒深沟，不得不与我战者，攻其所必救也； （曹操曰：绝其粮道，守其归路，攻其君主也。） 我不欲战， （曹操曰：军不欲烦也。） 虽画地而守之[1]，敌不得与我战者，乖其所之也[2]。② （曹操曰：乖，戾也。戾其道，示以利害，使敌疑也。）

【注释】

①［进而不可御者，冲其虚也］：说的是我进攻时使敌防御不住，这是因为冲向敌军空虚的地方。

［退而不可追者，速而不可及也］：说的是我退却时，使敌人追不到，这是因为退得极快，使敌人追不上。

②［故我欲战，敌虽高垒深沟，不得不与我战者，攻其所必救也］：是说：所以我要打，敌人虽然高筑堡垒、深挖壕沟，也不得不和我军在野外打，这是因为我进攻敌军必须救援的地方。（敌人

为了保护他空虚的要害，就不得不由堡垒内调兵出来救援，这样我们就可以在野战中打运动中的敌人了。）

［我不欲战，虽画地而守之］：画地，即划地。是说我不想打，在地上划个防御区域做防守的样子。

［敌不得与我战者］：是说使敌无法向我进攻。

［乖其所之也］：乖，作背离解。意为我设法诱使敌军走向另一方向，而不能来进攻我军了。

【译文】

（三十八）前进而使敌人不能抵御的，是因为冲击敌人空虚的地方；后退而使敌人无法追击的，是因为退得迅速使敌人追赶不上。所以我军想要打，敌人虽然高垒深沟也不得不同我〔在野外〕作战的，是因为进攻敌人所必救的地方；我军不想打，虽然画地防守，敌人也无法来同我作战的，是因为我们诱使敌人背离他所要走的方向。

【校勘】

〔1〕虽画地而守之：《武经》本有"虽"字，

文顺而意显，故增之。

〔2〕乖其所之也：竹简"乖"作"胶"，其义相近，保留它作参考。

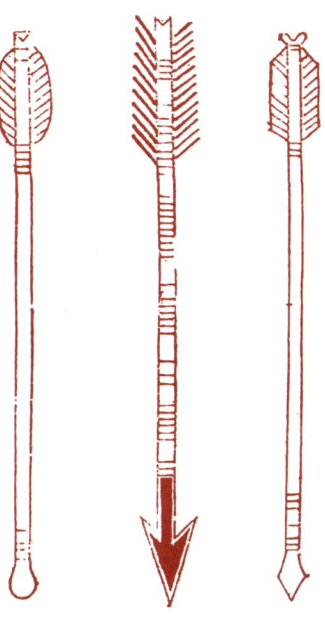

點銅箭　　鉄骨麗錐箭　　木撲頭箭

（三十九）故形人而我无形，则我专而敌分；我专为一，敌分为十，是以十攻其一也，则我众而敌寡；能以众击寡者[1]，则吾之所与战者，约矣。①吾所与战之地不可知，不可知[2]，则敌所备者多，敌所备者多，则吾所与战者，寡矣。②（曹操曰：形藏敌疑，则分离其众备我也。言少而易击也。）

【注释】

①［故形人而我无形］：第一个"形"是动词，第二个"形"是名词。形人，就是设法把敌人的内部情况表现于外形上来，也就是用各种侦察手段察明敌情，或暴露敌人。我无形，就是隐蔽自己的行动和意图，使敌人看不出我之形迹，也就是不让敌人察明我军情况，使我军不暴露。《新笺》的作者把"形人"解释为示形于敌，不符原旨。这里论述的是使敌情表露出形象来，而我却无形，是讲有形无形的问题。

［则我专而敌分］：竹简作"抟"，"抟"、"专"通，读团（tuán），把散碎的东西聚集成团。在军事上就是集中兵力，因为我军了解情况，所以就能

集中兵力；而敌人不了解情况，就不得不分散兵力。这样我们就能以多击少了。

　　［敌分为十］：极言使敌军分散。十，泛言其多，并不是具体的指数。

　　［是以十攻其一也，则我众而敌寡］：是说用十倍于敌的兵力去攻击敌人，这样我军就成了优势，敌人就转为劣势了。

　　［能以众击寡者，则吾之所与战者，约矣］：约，指有限。意思是能够以众击寡的，是敌既因到处有顾虑不得不到处分兵把口，那么我军所要打的敌人就相对少（有限）了。

　　②［吾所与战之地不可知］：我军所要进攻的地方敌人不得而知。

　　［不可知，则敌所备者多］：敌人不知道我军要进攻的地方，那么他所要防备的地方就多。

　　［敌所备者多，则吾所与战者，寡矣］：敌人防备的地方一多，那么我军所要进攻处的敌人就少了。

　　【译文】

　　（三十九）能察明敌人情况而不让敌人察明我军情况，这样我军的兵力就可以集中而敌人兵力就不得不分散了。我军兵力集中在一处，敌人兵力分散在十处，这就是用十倍于敌的兵力去攻击敌人，这样我军就成了优势，敌人就转为劣势了。能够集中优势兵力攻击劣势的敌人，那么同我军当面作战的敌人就有限了。我军所要进攻的地方敌人不得而知，不得而知，那么他所要防备的地方就多，敌人防备的地方一多，那么我军所要进攻的敌人就少了。

【试笺】

《孙子》提出了用"形人而我无形"的方法，造成敌人兵力分散，使我转为优势而敌人相对地转为劣势。这样，就是以众击寡，以优势兵力打败劣势之敌了。在分散敌人的方法上孙子提出："形人而我无形"，亦即我形人而不使敌形我，使敌有形而我无形。这在战略思想上是难得的，而在哲学思想上则含有朴素辩证法的因素。

【校勘】

〔1〕我众而敌寡，能以众击寡者：竹简作"我寡而敌众，能以寡击众者"，显系字误。弱军对强

军作战，战略上以寡击众，战役、战术上必须以众击寡，"敌分为十，我专为一"。《孙子》书中从头到尾都未论及以寡敌众的理论。故竹简不可信。

〔2〕吾所与战之地不可知，不可知：十家本、《武经》本"不可知"三字重文，而竹简此三字无重文号，当以有重文为是，疑为竹简抄漏。

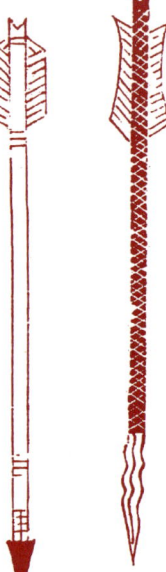

火箭

烏龍欽脊箭

鳴鏑箭

（四十）故备前则后寡，备后则前寡，备左则右寡，备右则左寡，无所不备，则无所不寡。^①寡者备人者也，众者使人备己者也。^②（曹操曰：上所谓形藏敌疑，则分离其众以备我也。）

【注释】

①［故备前则后寡，备后则前寡］：这里指出注意加强前面的戒备，则后面的戒备就必然减弱。

［备左则右寡，备右则左寡］：注意加强左侧戒备，则右侧就会减弱。反之亦然。

［无所不备，则无所不寡］：如果到处戒备那就会到处薄弱。那正是我们批评过的到处分兵把口，形成到处兵力薄弱。孙子提出"无所不备，则无所不寡"是军事的名言，对处处顾虑，处处分兵的将领来说是讲得非常深刻的。

②［寡者备人者也，众者使人备己者也］：兵少薄弱，是因为被动地戒备敌人，兵力集中是使敌人被动戒备我军。

（四十）所以，防备了前面，后面的兵力就薄弱；防备了后面，前面的兵力就薄弱；防备了左边，右边的兵力就薄弱；防备了右边，左边的兵力就薄弱；到处都防备，就到处兵力薄弱。兵力劣势是因为〔被动地〕去防备敌人；兵力优势是因为使敌人〔被动地〕防备我军。

（四十一）故知战之地，知战之日，则可千里而会战。^①不知战之地，不知战之日，则左不能救右，右不能救左，前不能救后，后不能救前^[1]，而况远者数十里，近者数里乎？^②（曹操曰：以度量知空虚会战之日。）

【注释】

①［故知战之地，知战之日，则可千里而会战］：会战，预期会合兵力，同敌人作战，与现代军语中的"会战"不同。此句意为能预料在什么地方打，在什么时候打，就是跋涉千里也可以同敌人交战。

②［不知战之地，不知战之日］：指不能预料在什么地方打，在什么时候打。

［则左不能救右，右不能救左］：就左路（左翼）不能救右路（右翼），右路也不能救左路。

［前不能救后，后不能救前］：指前后不能相互救援。

［而况远者数十里，近者数里乎］：何况远在数十里近在数里呢？！

（四十一）能预料在什么地方打，在什么时候打，就是跋涉千里也可以同敌人交战；不能预料在什么地方打，在什么时候打，那就连左路也不能救右路，右路也不能救左路，前面也不能救后面，后面也不能救前面，何况远在数十里，近在数里呢？

【校勘】

〔1〕此句竹简作："不知战之日，不知战之地，则前不能救后，后不能救前，左不能救右，右不能救左。"十家本、《武经》本"日""地"二字互乙，且其前无"之"字；"前不能救后，后不能救前"在"左不能救右，右不能救左"之后。今加"之"字，先地而后日，但全文不据竹简改。

（四十二）以吾^{〔1〕}度之，越人之兵虽多，亦奚益于胜败^{〔2〕}哉？！^①（曹操曰：越人相聚，纷然无知也。或曰：吴、越，仇国也。）

【注释】

①〔以吾度之〕：度（duó夺），推测，判断。

〔越人之兵虽多〕：越，春秋时国名，亦称于越。建都会稽（今浙江绍兴），春秋末常同吴国对抗。国力强盛时，其疆域约占今江苏、安徽、江西、浙江部分地区。

〔亦奚益于胜败哉〕：奚，何。此句意为：（敌人之兵虽多）又何益于胜利的取得呢？！或译敌人之兵虽多，对于敌我胜败，又有什么关系呢？

【译文】

（四十二）依我分析，越国的兵虽多，又有什么补益于决定战争的胜败呢？

【校勘】

〔1〕吾：《武经》本作"吴"字。

〔2〕胜败:《武经》本无"败"字,但有无"败"字无关重要。按汉语构词法,属偏正式(前正后偏),就是说兵多也无益于取胜。

（四十三）故曰：胜可为也。^①敌虽众，可使无斗。^②

【注释】

①［胜可为也］：胜利是可以人为取得的。

②［敌虽众，可使无斗］：敌军虽多可以使它不能战斗。

【译文】

（四十三）所以说，胜利是可以造成的。敌军虽多，可以使它无法战斗。

【试笺】

《形篇》说"胜可知，而不可为"，主要指敌我双方主客观条件对比，我占优势的就有了胜利的基础，也就是有了胜利的可能性，所以说"胜可知也"。本篇讲了"形人而我无形"使敌"无所不备"，形成"无所不寡"，左右前后不能相救，这样就使胜利经过正确的战争领导不但可以看到，而且也可以人工取得，所以言"胜可为也"。前面讲了"胜可知"，后面又讲"胜可为"，这是《孙子》的贡献，可惜它对这两者辩证的关系，未能阐述明白，这在逻辑上是个缺点。

弓靫

弓箭葫蘆

（四十四）故策之而知得失之计，作之而知动静之理，形之而知死生之地，角之而知有余不足之处。[①]（曹操曰：角，量也。）

【注释】

①［故策之而知得失之计］：策，筹策、策划，筹度、筹算或估计。策之而知得失之计，是说分析一下敌方计谋的得失；也可以解释为分析一下敌我双方计谋，谁得谁失。

［作之而知动静之理］：作，指触动、激动、诱逼（敌人）。意思是说触动敌人，以了解敌人的动静规律。

［形之而知死生之地］：形，察明，作动词用。意思是说察明敌军所占的地区何处易于进攻；也可以解释为察明敌我双方所处地形的优劣利害。

［角之而知有余不足之处］：角，较量力量，即战斗侦察，威力侦察。意思是说通过小战斗察明敌人何处（何翼、何路）较弱；也可以解释为敌我谁强谁弱。

【译文】

（四十四）所以要筹算一下计谋，来分析得失利害；激动一下敌军，来了解敌人的动静规律；侦察一下情况，来了解哪里有利哪里不利；进行一下小战，来了解敌人哪方面优势哪方面劣势。

（四十五）故形兵之极，至于无形；无形，则深间不能窥，智者不能谋。①

【注释】

①［故形兵之极］：形，是我故意表现出来的假象。兵，是指用兵所表现出来的形态。形兵之极，是指我用兵的方法方式变化无穷，加上"示形"、"佯动"使敌人无法看出我之行动规律。

［至于无形］：指我用兵所表现出来的外形。因用兵方法不断更新，变化无穷，等于无形，使敌人无法判断。

［无形，则深间不能窥］：深间，指打入我方很深的间谍。因我虚实不露，变化无穷，所以深间也无法窥测。张预注："既无形可睹，无迹可求，则间者不能窥其隙，智者无以运其计。"深间，有人译作高明的间谍，可备一说。

［智者不能谋］：纵有计谋的人，也不能想出办法。

【译文】

（四十五）所以伪装佯动做到最好的地步，就看不出形迹。看不出形迹，即便有深藏的间谍也窥察不到底细，聪明的敌人也想不出办法来。

（四十六）因形而错胜于众，众不能知；（曹操曰：因敌形而立胜。）人皆知我所以胜之形，（曹操曰：不以一形之胜万形。或曰：不备知也。）而莫知吾所以制胜之形；（曹操曰：制胜者，人皆知吾所以胜，莫知吾因敌形制胜也。）故其战胜不复，而应形于无穷。[①]（曹操曰：不重复动而应之也。）

【注释】

①［因形而错胜于众，众不能知］：凭借敌情变化，随机应变而取胜，胜利摆在众人面前，而人们不了解怎样取得胜利。

［人皆知我所以胜之形］：这里讲的是打了胜仗，是人们都看得到的有形的事情。

［而莫知吾所以制胜之形］：人们虽然看到了打胜仗，但却不知道怎样运用计谋取得胜利。

［故其战胜不复，而应形于无穷］：取胜的方法灵活多变，不重复，是根据不同的情况变化无穷。

【译文】

（四十六）适应敌情而取胜，把胜利摆在众人面前，众人还是莫名其妙；人们只知道我们所以战胜敌人的作战方式，却不知道我们怎样灵活运用这些作战方式。所以每次战胜，都不是重复老一套的方式，而是适应不同的情况，变化无穷。

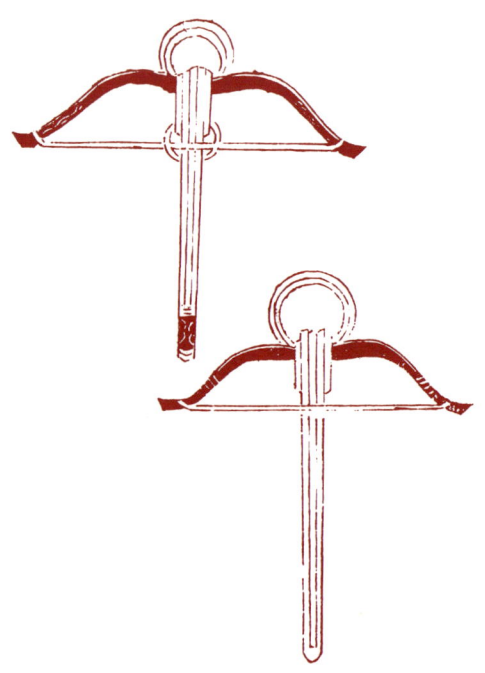

雌黄樺梢弩

黒漆弩

（四十七）夫兵形像水，水之形避高而趋下，兵之形[1]避实而击虚，水因地而制流[2]，兵因敌而制胜。①故兵无常势，水无常形，能因敌变化而取胜者，谓之神。②（曹操曰：势盛必衰，形露必败，故能因敌变化，取胜若神。）

【注释】

①［夫兵形像水］：指作战方式有点像水。

［水之形避高而趋下］：水运动的规律是避开高处而向下奔流。

［兵之形避实而击虚］：作战的规律是避开敌人坚实的地方，而攻击敌人的弱点。

［水因地而制流］：水因地形的制约而改变其奔流的方向。

［兵因敌而制胜］：作战是根据敌情而决定取胜的方针。

②［故兵无常势，水无常形］：即作战没有固定的方式，就像水没有固定的形态一样。

［能因敌变化而取胜者，谓之神］：是说能根据敌情变化而取胜的，就叫做用兵如神。

（四十七）作战方式有点像水，水运动的规律是避开高处而向下奔流，作战的规律是避开敌人坚实的地方而攻击敌人的弱点，水因地形而制约它奔流的方向，作战则根据敌情而决定取胜的方针。所以作战没有固定的方式，就像水没有固定的形态一样。能根据敌情变化而取胜的，就叫做用兵如神。

【试笺】

因敌制胜，这是《孙子》十分重要的作战指导思想，至今仍不失其历史的光泽。

【校勘】

〔1〕形：十家本、《武经》本均作"形"；竹简"水之形"作"水之行"。前三个"形"字，用"行"字还可以，但第四个"形"字，即"水无常形"，则只能用"形"字，而不能用"行"字。四个字都用"形"字是较为适当的。

〔2〕水因地而制流：竹简作"水因地而制行"。今从十家本。

（四十八）故五行无常胜，四时无常位，日有短长，月有死生。^①（曹操曰：兵无常势，盈缩随敌。）

【注释】

①〔故五行无常胜〕：五行，指水、火、木、金、土五种物质。中国古代思想家企图用五行说明世界万物的起源。这五种物质在当时是被看成相生相克的。无常胜，是说这五种物质没有哪一种是经常固定起制约作用的。

〔四时无常位〕：四时，四季，即春、夏、秋、冬。无常位，是讲一年四季不断更迭，没有哪一季常住一年的气节。

〔日有短长〕：白天有长有短。

〔月有死生〕：月亮有晦有明，有盈有亏。这里含有一切都在发展变化中的辩证法思想因素。

【译文】

（四十八）五行〔互生互制〕没有哪一个固定独胜；四时〔相接相代〕没有哪一个固定不移。昼有长短，月有圆缺。

【试笺】

在这一篇中，《孙子》着重讲避实击虚的原则，并进一步阐述如何"形人而我无形"，造成敌人弱点，以便我之避实击虚。《孙子》所说的不但是讲战略上要"避实击虚"，在战术上也要"避实击虚"。因古代作战并未把战略战术分开。

军争篇 第七

曹操曰：两军争胜。

【题解】

本篇以"军争"命名，意指敌我两军争胜（争利），主要论述敌对双方战略展开中互相争取先敌到达或占领战略要地，先敌展开于有利地形上布成有利态势，先察明敌人弱点，以便出其不意，先发起进攻。篇内为了阐述"军争"，也讲到行军问题、地形道路的调查和向导的使用。

（四十九）孙子曰：凡用兵之法，将受命于君，合军聚众，（曹操曰：聚国人，结行伍，选部曲，起营为军陈。）交和而舍，（曹操曰：军门为和门，左右门为旗门，以车为营曰辕门，以人为营曰人门，两军相对为交和。）莫难于军争。[1]（曹操曰：从始受命，至于交和，军争难也。）军争之难者，以迂为直，以患为利。[2]故迂其途，而诱之以利，后人发，先人至，（曹操曰：示以远，速其道里，先敌至也。）此知迂直之计者也。[3]（曹操曰：迂其途者，示之远也。后人发，先人至者，明于度数，先知远近之计也。）

【注释】

①［孙子曰：凡用兵之法］：孙子说，凡是用兵的规律。

［将受命于君］：意思是主将接受国君的命令。

［合军聚众］：意思是主将受领命令后，首先要动员民众，组织编制军队。

［交和而舍］：和，军门为和门。两军相对谓之交和。舍，驻扎、舍营。意思是主将继而率领军队去同敌人对阵。

［莫难于军争］：军争，两军争取先机制敌。《孙子》认为，行军作战以夺取先机制敌为最难。

②［军争之难者，以迂为直，以患为利］：以迂为直，走迂回的道路，出敌不意由敌人没有配备兵力的地方开进，避免敌之牵制，很快就到达所要争取的战略要地。这样表面看来走的是弯而远的道路，实际上是乘虚而入，能最快通过的"直"路。这样就是把困难变成有利了。全句意为：争取先机之利之所以困难，是因为要能"以迂为直，以患为利"。

③［故迂其途，而诱之以利，后人发，先人至］：所以弯路迂回，并且用小利去引诱敌人，目的是做到虽然比敌人后出动，却能比敌人先到达战

略要地。

[此知迂直之计者也]：这才是真正懂得以迂为直的计谋。

【译文】

（四十九）孙子说：凡是用兵的规律，主将接受国君命令，从动员组织民众、编制成军队到同敌人对阵，在这过程中没有比〔战略前进中〕争取先机之利更困难的。争取先机之利之所以困难，是因为要把〔从表面看是遥远的〕迂回的弯路，变为〔实际上是近便的〕直路，是要把困难变成有利。所以故意迂回绕道，并用小利引诱敌人，这样就能比敌人后出动而先到达〔所要争夺的战场要地〕，这就是懂得以迂为直的计谋的。

【试笺】

《孙子》指出的"以迂为直，后人发，先人至"，即使在今天两军遭遇战斗中亦可供参考。

以迂为直，迂是直的对立面，《孙子》提出以迂为直，已表现他有人为地把迂变成对立面直的朴素辩证法思想的萌芽。

海鶻

（五十）故军争为利，军争为危[1]。①（曹操曰：善者则以利，不善者则以危。）举军而争利，则不及；（曹操曰：迟不及也。）委军而争利，则辎重捐。②（曹操曰：置辎重，则恐捐弃也。）是故卷甲而趋，日夜不处，倍道兼行，（曹操曰：不得休息，罢也。）百里而争利，则擒三将军，劲者先，疲者后，其法十一而至；（曹操曰：百里而争利，非也；三将军皆以为擒。）五十里而争利，则蹶上将军[2]，其法半至；（曹操曰：蹶，犹挫也。）三十里而争利，则三分之二至。③（曹操曰：道近至者多，故无死败也。）是故军无辎重则亡，无粮食则亡，无委积则亡。④（曹操曰：无此三者，亡之道也。）

【注释】

①〔故军争为利，军争为危〕：两个"为"字均应作"有"字解。意思是军争有其有利的一面，也

有其危险的一面。

②［举军而争利，则不及］：全军带着装备、辎重去争利，就不能及时到达预定的地域。

［委军而争利，则辎重捐］：委，抛弃，丢下。丢弃辎重轻装前进去争利，辎重就难免损失。

③［是故卷甲而趋］：卷，收藏，卷起。趋，急走或急行军。意思是：因此，卷起盔甲轻装急行军。

［日夜不处］：即昼夜兼程，不停地连续行军。

［倍道兼行］：即用加倍的速度行军，一天要走两天的行程。

［百里而争利］：即奔走一百里去争利。

［则擒三将军］：三将军，指三军将帅；春秋时，大国多设三军。如晋设中军、上军、下军，以中军之将为三军统帅。楚设中军、左军、右军。"擒三将军"是说三军的主将都会被俘。

［劲者先，疲者后，其法十一而至］：是说这样行军身体强壮的先到，疲弱的落后掉队，结果只能有十分之一的人马能够赶到。

［五十里而争利，则蹶上将军，其法半至］：蹶，挫折，挫跌。意思是说，如果赶路奔走五十里去争利，先头部队的将领就会受挫折，结果只能有

一半人马能够到达。

[三十里而争利，则三分之二至]：如果奔走三十里去争利，结果也只能有三分之二的人马能够到达（以上所讲都可看作古代军队的脆弱性之描写）。

④[是故军无辎重则亡，无粮食则亡，无委积则亡]："是故"在这里不是作为连接词，即不是上文的结论，而应作另起一段，是对另一原则的议论和阐述。意思是说：要知道军队没有辎重，没有粮食，没有委积（军用物资）就难以作战和生存。

【译文】

（五十）所以争取先机之利是有利的，同时争取先机之利也是有危险的。如果全军带着装备辎重去争利，〔这样行军迟缓〕就不能及时到达预定地域；如果放下重装备和辎重去争利，装备辎重就会丢失。因此，卷起盔甲，轻装急进，昼夜不停，加倍行程来赶路，走上百里去争利，〔如果遇到意外情况〕那么三军将领都可能被俘，队伍强壮的先到，疲弱的掉队，其结果只会有十分之一的人马赶得到；走五十里去争利，〔如果遇到情况〕先头部队的将领会受挫折，队伍只有半数赶得到；走三十里去争利，可能有三分之二赶得到。要知道军队没有随军辎重就不能生存，没有粮食接济就不能生存，没有物资补充就不能生存。

【试笺】

《孙子》指出"军争为利，军争为危"是辩证的逻辑。故"军争为危"不宜改为"众争为危"。至于断言"军无辎重则亡，无粮食则亡，无委积则亡"，揭示了战争中对后方供应依赖的重要性，也说得对。如果"亡"字作灭亡解，似不免绝对化了。

【校勘】

〔1〕军争为危：《武经》本作"众争为危"，此与《孙子》本意难合。今从十家本作"军争为危"。

〔2〕则蹶上将军：十家本、《武经》本"将"下有"军"字，竹简无"军"字。从前者。

蒙衝

（五十一）故不知诸侯之谋者，不能豫交；（曹操曰：不知敌情谋者，不能结交也。）不知山林、险阻、沮泽之形者，不能行军；（曹操曰：高而崇者为山，众树所聚者为林，坑堑者为险，一高一下者为阻，水草渐洳者为沮，众水所归而不流者为泽。不先知军之所据及山川之形者，则不能行师也。）不用乡导者，不能得地利。①

【注释】

①［故不知诸侯之谋者，不能豫交］：豫交，与诸侯结交。豫，通"与"。意思是说：如果不知道各诸侯国的政治意图，就不能预定自己的外交方针。

［不知山林、险阻、沮泽之形者，不能行军］：沮泽，水网沼泽地。是说不了解山林、险阻、水网沼泽等地形情况，不能行军。

［不用乡导者，不能得地利］：乡导，即向导。是说不重视用向导的，就不能得到地利。　此段与《九地篇》九十二段的前三句全同，从文意看以在

该段为宜。这三句中，第一句和军争无关；后两句即便重复，对军争仍有必要。

（五十一）不了解列国政治动向的，不能预定外交方针；不熟悉山林、险阻、水网、沼泽等地形的，不能行军；不重用向导的，不能得到地利。

（五十二）故兵以诈立，以利动，以分合为变者也。^①（曹操曰：兵一分一合，以敌为变也。）

【注释】

①［故兵以诈立］："诈"字是"陷阱奇伏"，多变而用奇的意思，与道义上的"欺骗"、"欺诈"的意思完全不同。"兵以诈立"，是说用兵作战要用奇异多变的办法，为胜敌之术。

［以利动］：根据胜利的原则，有利才行动。

［以分合为变者也］：用兵力的分散和集中来变换战术。曹注："兵一分一合，以敌为变也。"按以分合为变实即以奇正为变。

【译文】

（五十二）军队是用诡诈的方法隐蔽自己的意图，根据有利的情况决定自己的行动，把分散和集中兵力作为〔战略战术的〕变化的。

（五十三）故其疾如风，（曹操曰：击空虚也。）其徐如林，（曹操曰：不见利也。）侵掠如火，（曹操曰：疾也。）不动如山，（曹操曰：守也。）难知如阴，动如雷震。①

【注释】

①［故其疾如风］：军队迅速行动时快如疾风一般。

［其徐如林］：军队行动舒缓时如森林。

［侵掠如火］：军队进攻时如同熊熊烈火。

［不动如山］：军队不动的时候宛如山岳。

［难知如阴］：阴，阴天。军队隐蔽时如同阴天看不见日月星辰那样难以窥测。

［动如雷震］："雷震"，有些版本作"雷霆"，有雷霆万钧之意，也有迅雷不及掩耳，闪电不及瞬目之意。

【译文】

（五十三）所以军队的行动迅速起来像疾风，舒缓的时候像森林，攻击起来像烈火，不动的时候像山岳，难以窥测像阴天〔看不见日月星辰〕，一动起来像迅雷〔不及掩耳〕、闪电〔不及瞬目〕。

樓船

（五十四）掠乡分众，（曹操曰：因敌而制胜也。）廓地分利，（曹操曰：分敌利也。）悬权而动。^①（曹操曰：量敌而动也。）

【注释】

①〔掠乡分众〕：掠，掳掠。乡，周代制度都城以外为乡，是奴隶居住的行政区划单位。众，奴隶、农奴。此短句意为：掠夺"乡"间的粮食财物，把掳掠来的奴隶和农奴等分赐给有功的将领官吏。关于"掠乡分众"，《校笺》的作者亦即《新笺》的作者，一方面指出几乎所有《孙子》版本皆作"掠"，只有《通典》和《御览》作"指"。《通典》的作者，即杜佑的幕僚或食客们认为"指乡分众"其旨为"旌旗之所指向，则分离其众"。一方面则认为："抄掠乡镇分营有功、开土拓境利不专享的说法是不如旌旗所指分兵追击、得敌地必分守利害的说法为善的。"结论是"掠乡"应作"指乡"。并说"乡"为"向"的本字。其实是《通典》、《御览》的作者都不敢承认为当时封建奴隶主政治所决定的战争，目的就是"掠乡"，不敢承认"掠"是不符合当时的社会性质和封建统治的政治目的的。

〔廓地分利〕：廓，同“扩”；南宋避宁宗赵扩讳，改“扩”为“廓”。廓地即扩张领土。

〔悬权而动〕：悬权，即权衡利害轻重大小。意思是根据利害得失来决定应当怎样行动。

【译文】

（五十四）掳掠乡邑，分配俘虏来的人众，扩张领土，分配掠夺来的资源，衡量利害得失，然后决定行动。

【试笺】

这里明显地表明当时即使在封建地主阶级还在新兴时期，战争也充满着掳掠和扩张。

（五十五）先知迂直之计者胜[1]，此军争之法也。①

【注释】
①［先知迂直之计者胜］：懂得以迂为直的计谋的将帅就能取胜。
［此军争之法也］：这就是军争中争先的法则。

【译文】
（五十五）事先懂得以迂为直的计谋的就胜利，这就是争夺先机之利的原则。

【校勘】
〔1〕先知迂直之计者胜：竹简作"先知汙直之道者〔胜]"。汙，通"迂"，道与计，是一个意义，故未改。

（五十六）《军政》曰："言不相闻，故为鼓金[1]；视不相见，故为旌旗。"①夫鼓金旌旗者，所以一人之耳目也；人既专一，则勇者不得独进，怯者不得独退，此用众之法也。②故夜战多火鼓，昼战多旌旗，所以变人之耳目也。③

【注释】

①[《军政》]：梅尧臣注："军之旧典。"王皙注："古军书"。《左传》："《军政》'不戒而备。'"此书似述治军之政及关于军中制度的若干规定，已失传。

[言不相闻，故为鼓金]：鼓金，即锣鼓，古代军中通信联络的工具。战场上因相互之间听不见话语命令，设置鼓金为指挥军队进或退的号令。

[视不相见，故为旌旗]：旌旗，通信联络用的旗号。作战中各部队相互间看不见动作，所以设置旌旗为联络指挥的信号。

②[夫鼓金旌旗者，所以一人之耳目也]：一，作动词用，统一。此二短句的意思是说：鼓锣、旌旗的作用是统一军人的耳目。

〔人既专一，则勇者不得独进，怯者不得独退，此用众之法也〕：是说作战中吏卒的视听既然一致了，那么勇敢的不能单独冒进，怯懦的也不能自行后退，这是指挥大部队作战的方法。

③〔故夜战多火鼓〕：为了在夜间指挥大部队协调作战，主要是用火光和鼓声作指挥和联络的信号。

〔昼战多旌旗〕：白天作战主要使用旌旗作为指挥和联络的信号。

〔所以变人之耳目也〕：这些不同的指挥信号，是分别在白天和夜晚使用，使广大的官兵都能看到或听到而步调一致地前进或后退。

【译文】

（五十六）《军政》说："因相互间听不见讲话，所以设置锣鼓；相互间看不见动作，所以设置旌旗。"锣鼓、旌旗，是统一军人耳目的，人们的视听既然一致，那么勇敢的就不能单独前进，怯懦的也不能单独后退了，这就是指挥大部队作战的方法。所以夜间作战多用火光和鼓声，白天作战多用旗帜。这些不同的指挥讯号是为了适应人们的视听而变动使用的。

〔1〕故为鼓金：十家本、《武经》本"为"下作"金鼓"，竹简作"鼓金"。鼓以号令进军，鸣金即收兵之令，故以鼓先金为宜。以下均作"鼓金"。

走舸

（五十七）故三军可夺气，将军可夺心。[①]是故朝气锐，昼气惰，暮气归。[②]（曹操曰：左氏言一鼓作气，再而衰，三而竭。）故善用兵者，避其锐气，击其惰归，此治气者也。[③]以治待乱，以静待哗，此治心者也。[④]以近待远，以佚待劳，以饱待饥，此治力者也。[⑤]无邀正正之旗，勿击堂堂之阵，此治变者也。[⑥]（曹操曰：正正，齐也。堂堂，大也。）

【注释】

①［故三军可夺气］：对于敌人的军队，可以打击它的士气，使之士气低落颓丧。

［将军可夺心］：对于敌人的将军可以搅乱他的决心。诸如用"示形"、"佯动"等造成敌将判断错误，决心不定，贻误战机，以致指挥错误。

②［是故朝气锐，昼气惰，暮气归］："是故"只是承上启下的连接词，并非上文的结论。《孙子》用一日之早晚比喻军队出战之久暂的士气。用早上的朝气，比方军队初战时的锐气；用中午的昼气，

比方军队出动渐久，则士气不免松懒，王皙注"渐久稍怠"；用晚上的暮气来比喻军队出动既久，则士气因疲惫而衰竭。这和曹刿论战中所说"一鼓作气，再而衰，三而竭"是一致的。但不一定指一天之内士气的变动。梅尧臣注曰："朝，言其始也；昼，言其中也；暮，言其终也。"可见不是讲一天的士气（但古代许多战争中一天之内朝气、暮气的确是有所不同的），所谓"暮气归"是极言军久在外气衰力疲，士气低落。

③〔故善用兵者〕：所以，善于用兵的人。

〔避其锐气〕：弱军采取战略防御，在敌情不明情况下往往是先退一步。这只是在一定条件下采用的方法，不能理解为一般都要这样做。

〔击其惰归〕：就是等敌人松懈疲惫，士气衰弱时再去攻击它。

〔此治气者也〕：这就是掌握士气的方法。

④〔以治待乱〕：我们严整地约束好军队，以等待敌人发生混乱。

〔以静待哗〕：用我们的镇静沉着，以等待敌人多疑急躁。

〔此治心者也〕：以上三短句指将帅拟定战略计划和指挥作战时的精神状态，或说是心理的掌握。

⑤［以近待远］：用自己军队先接近预定战场，得到休息准备，以等待远道而来不免疲乏的敌人。

［以佚待劳］：用自己的整顿休息好，以等待敌人的疲劳。

［以饱待饥］：用自己部队的吃饱喝足，以等待敌人的饥饿。

［此治力者也］：这就是掌握部队战斗力的方法。

⑥［无邀正正之旗］：邀，截击，拦击。意为不要拦击旗帜整齐的敌军，因为这样的敌人往往是预有准备的。

［勿击堂堂之阵］：不要去攻击阵容整齐、兵力强大的敌军。

［此治变者也］：这是临机应变，避免损失，因敌制胜的原则。

【译文】

（五十七）对于敌人的军队，可以打击它的士气，对于敌人的将领，可以搅乱他的决心。早晨朝气饱满，当午逐渐懈怠，傍晚就疲乏思归了。所以善于用兵的人，要避开敌人〔初来时〕的锐气，等待敌人松懈疲惫时再去打它，这是掌握军队士气的方法。用自己的严整等待敌人的混乱，用自己的镇静等待敌人的轻躁，这是掌握将领心理的方法。用自己部队的接近战场等待敌人的远道迎战，用自己部队的安逸休整等待敌人的奔走疲劳，用自己部队的饱食等待敌人的饥饿，这是掌握军队战斗力的方法。不去拦击旗帜整齐〔配备周密〕的敌人，不去攻击阵容堂皇〔实力强大〕的敌军，这是掌握机动变化的方法。

【试笺】

"避其锐气，击其惰归"是《孙子》争取战略主动的重要原则之一。它所要求的"治气"、"治心"、"治力"、"治变"，是和前面说过的"先立于不败之地而不失敌之败也"的思想相联系的。

（五十八）故用兵之法，高陵勿向，背丘勿逆[1]，佯北勿从，锐卒勿攻，饵兵勿食，归师勿遏，围师遗阙[2]，穷寇勿迫，此用兵之法也。① （曹操曰：《司马法》曰："围其三面，阙其一面，所以示生路也。"）

【注释】

①［故用兵之法］：用兵的法则。

［高陵勿向］：对占领高地之敌不宜去仰攻。

［背丘勿逆］：对背靠高地之敌不要从正面去攻击。

［佯北勿从］：北，败。对假装败退的敌人不宜跟踪追击（这是预防敌人有伏兵）。

［锐卒勿攻］：对敌人的精锐部队和主力兵团不宜去攻击。

［饵兵勿食］：饵，诱饵。敌人诱我不要上当。

［归师勿遏］：敌军退归本国，不宜去遏止它，这大概只是指当时的军队，归心似箭，遏止它，就会遇到拼命的反击。

［围师遗阙］：阙，通"缺"。这是指留一条路给敌人退走。这里可以理解孙子之意可能有两种情况，两种意图：一是敌过于强大，吞不下去；一是让敌人退走，我在半路伏击之。

　　［穷寇勿迫］：或叫"穷寇勿追"，这在古代是相当普遍的说法，那些人认为："困兽犹斗"（即所谓"狗急跳墙"），而况人乎？吴伐楚时，夫槩就是这样说的，吴王让楚兵退，半路而击之，大胜。

　　［此用兵之法也］：以上这些是用兵的法则。

【译文】

　　（五十八）用兵的法则：敌军占领山地不要去仰攻，敌军背靠高地不要去正面攻击，敌军假退却不要去跟踪追击，敌军精锐所在不要去攻击，敌军用小利诱我不要上钩，敌军退回本国不要去拦截，包围敌人要留个缺口，敌军已到绝境〔可能拼命时〕，不要急于迫近。这是用兵的法则。

【试笺】

　　《孙子》所举八条原则都是初次交战中从慎重作战提出的，不免带有消极性和局限性。

〔1〕背丘勿逆：竹简作"倍丘勿迎"，"倍"与"背"古通，逆与迎意思是一样的，故未改。

〔2〕围师遗阙：十家本、《武经》本作"围师必阙"，竹简"必"作"遗"。必字太肯定了，在一定条件下遗阙是有诱敌之意，故可遗可不遗。据竹简改。

九变篇 第八

曹操曰：变其正，得其所用九也。

本篇讲各种特殊情况的机断措施。"九"泛指多，"变"指不按正常原则处置。篇内内容错杂，先讲五种地形，次讲五种情况及根据当时具体形势而应作的灵活应变，再次指出智者之虑必杂于利害，再次论战略上指挥诸侯的方法，再次强调有备无患，最后提出将有五危的警告。

（五十九）孙子曰：凡用兵之法，将受命于君，合军聚众，圮地[1]无舍，（曹操曰：无所依也。水毁曰圮。）衢地交合，（曹操曰：结诸侯也。）绝地无留，（曹操曰：无久止也。）围地则谋，（曹操曰：发奇谋也。）死地则战。①（曹操曰：殊死战也。）

【注释】

①［凡用兵之法，将受命于君，合军聚众］：见四十九段注释①。

［圮地无舍］：圮地，水网、湖沼等难行的地区，叫作圮地，行动不便，住宿困难，所以行军到此不宜舍营。

［衢地交合］：衢地，几国交界，四通八达，先到者可以结交诸侯，取得某种援助的地区，叫做衢

地。曹注："结诸侯也。"

〔绝地无留〕：据李筌注，没有泉、井，无从畜牧和采樵的地区，叫做绝地。就是说人马缺乏饮水，放牧没有水草，砍柴又没有树木，这样的地方无法停留。贾林注则说是："溪谷坎险，前无通路曰绝。"是地形险要，一旦遇敌进退为难，所以不宜留也。

〔围地则谋〕：进入的道路狭隘，退归的道路险迂，敌人以少数兵力就可以使我进退两难的地区，叫做围地。指易被包围之地区。

〔死地则战〕：迅速奋勇作战就能生存，不迅速奋勇作战就只有死亡的地区，叫做死地。（以上五注，请参看《九地篇》译文。）

【译文】

（五十九）孙子说：凡是用兵的法则：主将接受国君的命令，动员组织民众编制成军队〔出征〕，在"圮地"上不可舍营，在"衢地"上应结交诸侯，在"绝地"上不可停留，遇到"围地"就要巧出计谋，陷入"死地"就要坚决奋战。

这里讲的五种地区，地形篇讲的六种地形（见原文七十七段），九地篇讲的九种地区（见原文八十三段），六种地区（见原文八十九段）和九地篇九种地形上的行动方针（见原文九十段）都是古代"兵要地理"的萌芽的论述，有许多重复，疑是《孙子》流传中不同笔记者的综合。但其中也有杰出的命题，如："围地则谋"，"死地则战"。以上论述可看作《孙子》地形观的一种表现。

【校勘】

〔1〕汜地：十家本、《武经》本作"圮地"，据竹简应作"汜地"。详见"九地篇"八十三段校勘〔1〕。

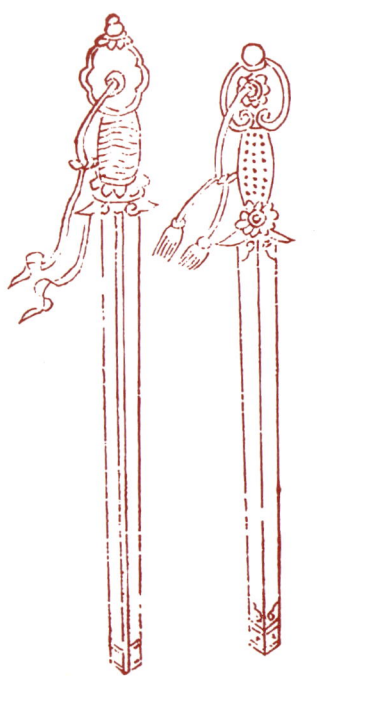

刃刃　　刃刃　　搗馬突槍

（六十）涂有所不由，（曹操曰：隘难之地，所不当从；不得已从之，故为变。）军有所不击，（曹操曰：军虽可击，以地险难久，留之失前利，若得之则利薄，困穷之兵，必死战也。）城有所不攻，（曹操曰：城小而固，粮饶，不可攻也。操所以置华费而深入徐州，得十四县也。）地有所不争，（曹操曰：小利之地，方争得而失之，则不争也。）君命有所不受。①（曹操曰：苟便于事，不拘于君命也。）

【注释】

①［涂有所不由］：涂，通"途"。不是见路就走，而要从全局研究，比如为了不暴露自己的行动，或预防敌之伏击，有时好走的路不走。

［军有所不击］：军，敌军。发现敌军不一定就要去打它，而要通观全局，比如从局部看有利，从全局看不利，就不去打它。

［城有所不攻］：敌人所占的城，不是一律都去夺取，而要看周围情况和当时时机，比如因占之无

用，或因占之不能坚守，就不去攻击。

　　〔地有所不争〕：地，重要地方；不一定都要去争，有时争之无益，有时有更重要的地方要争，就不去争夺。

　　〔君命有所不受〕：君命，即诸侯的命令。有时（比如不符合前线实际情况）不应接受的就不接受。

【译文】

　　（六十）道路有的〔虽可走而〕不走，敌军有的〔虽可打而〕不打，城堡有的〔虽可攻而〕不攻，地方有的〔虽可争而〕不争，国君的命令有的〔虽可受而〕不受。

【试笺】

　　"君命有所不受"，是这一段话的重点，是《孙子》的特殊命题。当时，只在战国初期将相开始分工，孙子要求相对的集中，反对"于军不利"的"中枢遥控"时才提出来的。

（六十一）故将通于九变之利者^[1]，知用兵矣；将不通于九变之利者，虽知地形，不能得地之利矣；治兵不知九变之术，虽知五利，不能得人之用矣。^①（曹操曰：谓下五事也。九变，一云五变。）

【注释】

① ［故将通于九变之利者，知用兵矣］：九变，各种机变。九，泛指多；变，指不照正常情况、循规蹈矩，而根据具体情况，从当时客观情况需要出发所作的特殊处置，临机专断，不拘常法，怎样行动最合适就怎样行动。

［将不通于九变之利者，虽知地形，不能得地之利矣］：将领不通于对诸种特殊情况和临时发生的变化而采取适当措施的，虽知地形，不能善于利用地形。

［治兵不知九变之术，虽知五利，不能得人之用矣］：五利：一说，是指"涂有所不由、军有所不击、城有所不攻、地有所不争、君命有所不受"等五项权宜之计。另一说，是指"氾地无舍，衢地交合，绝地无留，围地则谋，死地则战"。两说的

实质，都是指要根据不同的情况，临机应变。

（六十一）将帅能精通以上各种机变的运用，就是懂得用兵了。将帅不精通以上各种机变的运用，虽然了解地形，也不能得到地利。指挥军队不知道各种机变的方法，虽然知道"五利"，也不能充分发挥军队的战斗力量。

【校勘】

〔1〕故将通于九变之利者：此句原文"故将通于九变之地利者"，有"地"字，但在军事和文法上很难说得通。下句"将不通于九变之利者"句，也无"地"字。所以删去"地"字。

（六十二）是故智者之虑，必杂于利害。[1]（曹操曰：在利思害，在害思利，当难行权也。）杂于利，而务可信也；（曹操曰：计敌不能依五地为我害，所务可信也。）杂于害，而患可解也。[2]（曹操曰：既参于利，则亦计于害；虽有患，可解也。）

【注释】

①［是故智者之虑］：指聪明将帅的思考。

［必杂于利害］：看问题不应只看到有利方面，而不考虑有害方面；也不应只看到困难方面，而不看到有利因素。就是说要兼顾到利、害两方面。

②［杂于利，而务可信也］：务，事。这里指自己的作战意图、任务、胜利。信，通"伸"，伸展、达到的意思。这句话的意思是要看到有利的一面，才能提高胜利的信心。

［杂于害，而患可解也］：指要看到困难或危害的方面，才能预防可能发生的祸患或意外。

【译文】

（六十二）聪明将帅的思考，必须兼顾到利害两方面的条件。〔在不利情况中〕要同时看到有利条件，才能提高胜利信心；〔在顺利情况中〕要同时看到危害的可能，才能解除〔可能发生的〕祸患。

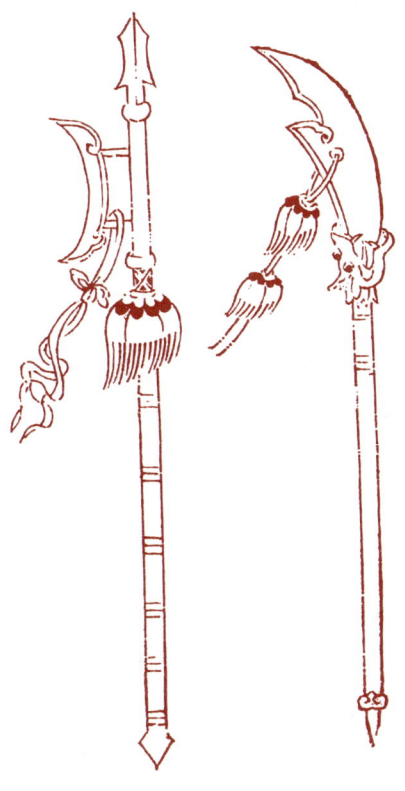

戟刀　　掩月刀

（六十三）是故屈诸侯者以害，（曹操曰：害其所恶也。）役诸侯者以业，（曹操曰：业，事也，使其烦劳，若彼入我出，彼出我入也。）趋诸侯者以利。[1]（曹操曰：令自来也。）

【注释】

① [是故屈诸侯者以害]：屈，屈曲不伸。害，不利之事。意即要使诸侯力量屈伏不能伸展，就要设法使他去做不利的事。吴为三师以扰楚，楚不得不应付之，于是乎楚军陷于被动不利的地位。即一例也。

[役诸侯者以业]：役，役使。业，事也。意指要使诸侯奔走应付，就要用使他不得不做的事来驱使他。曹注："使其烦劳，若彼入我出，彼出我入也。"

[趋诸侯者以利]：趋，奔走也。意即迫使诸侯被动奔走，就要用小利去引诱他。

【译文】

（六十三）要使各国诸侯的力量不能伸展，就要用计谋去伤害它；要使各国诸侯忙于应付，就要用〔它不得不做的〕事业驱使它；要使各国诸侯被动奔走，就要用小利去引诱它。

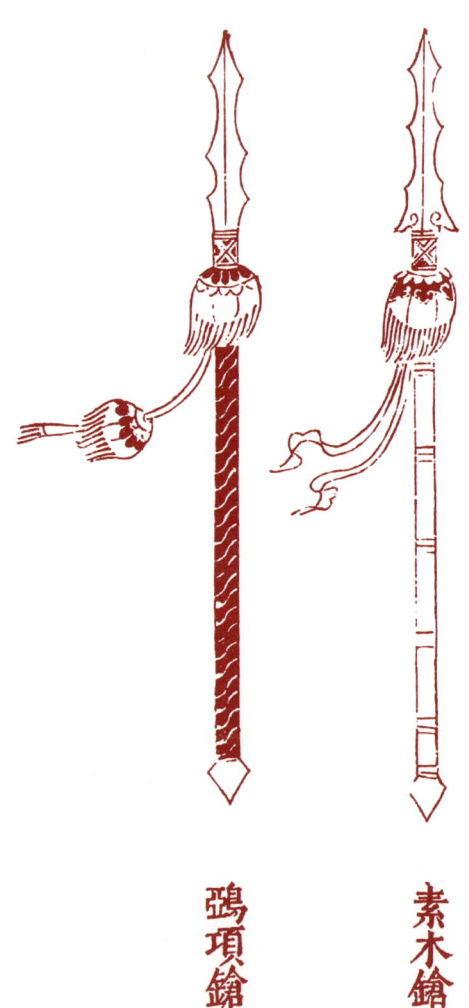

鵶項鎗　素木鎗

（六十四）故用兵之法，无恃其不来，恃吾有以待也；无恃其不攻，恃吾有所不可攻也。^①（曹操曰：安不忘危，常设备也。）

【注释】

①［故用兵之法］：用兵的法则。即指导战争的规律。

［无恃其不来，恃吾有以待也］：不要指望敌人不来，而要依靠自己有准备以等待它，即所谓"有备无患"。

［无恃其不攻，恃吾有所不可攻也］：不要指望敌人不来进攻，而要依靠自己有力量并作了妥善的配备，有使敌人进攻不下的办法。

【译文】

（六十四）用兵的法则，不要指望敌人不来打，而要依靠我们有了准备等待它；不要指望敌人不进攻，而要依靠我们有了使敌人进攻不下的力量和办法。

（六十五）故将有五危：必死，可杀也；（曹操曰：勇而无虑，必欲死斗，不可曲挠，可以奇伏中之。）必生，可虏也；（曹操曰：见利畏怯不进也。）忿速，可侮也；（曹操曰：疾急之人，可忿怒侮而致之也。）廉洁，可辱也；（曹操曰：廉洁之人，可污辱致之也。）爱民，可烦也。①（曹操曰：出其所必趋，爱民者，则必倍道兼行以救之；救之则烦劳也。）凡此五者，将之过也，用兵之灾也。②覆军杀将，必以五危，不可不察也。③

【注释】

①［故将有五危］：五种将帅性格上的缺陷。

　　［必死，可杀也］：只知拼死，对这种敌将可用计谋杀死他。"可杀也"也可解释为可能被敌所杀。这是一危。

　　［必生，可虏也］：只知贪生，对这种敌将可设法俘虏他。"可虏也"也可以解释为可能被俘虏。这是二危。

　　［忿速，可侮也］：愤怒急躁，对这种敌将可激

怒侮辱，使之忿怒而出战（中计）。这是三危。

　　〔廉洁，可辱也〕：对廉洁之人，可以用污辱的方法使之中计。这是四危。

　　〔爱民，可烦也〕：爱民是好的性格，但可利用这一特点，使他为掩护人民而烦劳。曹注："出其所必趋，爱民者，则必倍道兼行以救之；救之则烦劳也。"这是五危。

　　②〔凡此五者，将之过也，用兵之灾也〕：这五种危险，是将帅的过错，用兵的危害。

　　③〔覆军杀将，必以五危，不可不察也〕：军队覆灭，将帅被杀，必定由于"五危"引起，不可以不了解和警惕呀！

【译文】

　　（六十五）将帅有五种〔性格上的缺陷造成的〕危险：只知死拼会被杀，贪生怕死会被俘，急躁易怒则经不起刺激，廉洁自爱则受不了侮辱，爱护居民则〔会因掩护居民而〕遭受烦劳。这五种危险，是将帅的过错，也是用兵的灾害呀！军队覆灭、将帅被杀，都由于这五种危险引起，是不可不警惕的。

【试笺】

本篇中《孙子》指出:"智者之虑必杂于利害",这是全面看问题的观点,是可贵的命题。又其中指出:"无恃其不来,恃吾有以待之……"至今无论哪一国的国防计划基本上也都离不开这种指导思想。自然今天的"恃吾有以待之"的具体准备与古代的准备就大不相同了。

行军篇 第九

曹操曰：择便利而行也。

【题解】

　　本篇主要内容是讲行军、驻军（舍营或露营）和征候判断。大概由于断简，本篇中各段各句秩序有些零乱。

（六十六）孙子曰：凡处军、相敌：绝山依谷，（曹操曰：近水草利便也。）视生处高，（曹操曰：生者，阳也。）战隆无登[1]，（曹操曰：无迎高也。）此处山之军也。①绝水必远水；客绝水而来，勿迎之于水内，令半济而击之，（曹操曰：引敌使渡。）利；欲战者，无附于水而迎客；（曹操曰：附，近也。）视生处高，（曹操曰：水上亦当处其高也；前向水，后当依高而处之。）无迎水流，（曹操曰：恐溉我也。）此处水上之军也。②绝斥泽，惟亟去无留；若交军于斥泽之中，必依水草，而背众树，此处斥泽之军也。③（曹操曰：不得已与敌会于斥泽中。）平陆处易，而右背高，前死后生，此处平陆之军也。④（曹操曰：车骑之利也。）凡此四军之利〔2〕，（曹操曰：战便也。）黄帝之所以胜四帝也。⑤（曹操曰：黄帝始立，四方诸侯无不称帝，以此四地胜之也。）

【注释】

①［凡处军、相敌］：处军，驻军，安营扎寨。相敌，征候判断。

［绝山依谷］：绝，通过。通过山地，要靠近山谷，为的是依靠山谷的水草供给人马的饮料和饲料。

［视生处高］：驻扎在高的地方，这样视界开阔。也含有向阳的意思。

［战隆无登］：敌已占高地，不宜从正面去仰攻它。

［此处山之军也］：以上所说是军队在山地上驻扎时应注意的原则。

②［绝水必远水］：绝水，横渡江河。远水，远离江河。以引敌军半渡而击之。

［客绝水而来，勿迎之于水内，令半济而击

之］：如果敌军渡水而来，不要在水上迎击敌人，而应让它渡过一半时再发起攻击。济，渡过。

［利］：这样打法最有利。

［欲战者，无附于水而迎客］：附水，照现在的军语说：就是"直接配备"，即把防御的军队紧靠河边配置，可以直接箭射渡河中的敌兵，以阻止敌军渡河。如果想放敌人过河再打，就不要"附水"，而作"后退配置"，让出一定的地方让敌人渡河过来，等过了一半而后迎击它。孙子时代虽还没有把沿江河的防御分为如同我们现在所说的"直接配备"和"后退配备"，但他从"半济而击之利"的思想出发，提出"欲战者，无附水而迎客"，实际上就是今天所说的"后退配备"。这就是他高明的地方。

［视生处高，无迎水流］：意思是不要让敌人居上流，我军居下流。这是为了预防敌军决水灌我。

［此处水上之军也］：这是军队在靠近江河水流时处置的原则。

③［绝斥泽，惟亟去无留］：斥，盐碱地带。斥泽，指的是瘠卤沮洳之所，水草恶，只有赶快离开它为好。

［若交军于斥泽之中，必依水草，而背众树］：

如果不得已和敌遭遇于斥泽地区，必须靠近水草而背靠树林。

〔此处斥泽之军也〕：这是军队处在斥泽地上处置的原则。

④〔平陆处易〕：军队在平原上驻扎，应选择在平坦的地方，以便车骑奔驰。

〔而右背高〕：右，古代中原诸国以右为上（楚国人则尚左）。这里指主力或主要翼侧应背靠高地。

〔前死后生〕：即前低而后高。

〔此处平陆之军也〕：指以上所说是军队在平原上驻扎的原则。

⑤〔凡此四军之利〕：根据以上四条不同的地形情况而采取上述原则。

〔黄帝之所以胜四帝也〕：黄帝，中国古代传说中的帝王，是原始社会末期部落联盟的领袖，又称轩辕氏。四帝，指黄帝周围的部落首领，后来被黄帝所统一。以上意思是：这就是黄帝之所以能战胜四周围其他部队的原则。

【译文】

（六十六）孙子说：凡军队在各种地形上的处置和判断敌情时，应该注意〔以下原则〕：通过山地，必须靠近山谷，驻在高处，使前面视界开阔，敌人占领高处，不宜去仰攻，这是在山地上军队的处置。横渡江河，应远离水流；敌人渡水而来，不要迎击它于水上，让它渡过一半时去攻击它，才有利；想决战的，不要紧靠水边抗击敌人；沿河驻扎军队也应驻在高处，使前面视界开阔，不要面迎水流，这是在江河水流上军队的处置。通过盐碱沼泽地带，要迅速离开，不可逗留；如果同敌军相遇于盐碱沼泽地带上，那就必需靠近水草而背靠树林，这是在盐碱沼泽地带上军队的处置。在平原上应占领开阔地域，主要的翼侧和后方应倚托高地，前低后高，这是在平原地上军队的处置。掌握这四种利用地形的原则，就是黄帝之所以能战胜其四周部落的原因啊！

【校勘】

〔1〕战隆无登：竹简作"战降无登"。据杜牧、张预注，传世本一作"隆"，一作"降"，据文意看，当以"战隆无登"为善。

〔2〕凡此四军之利：十家本、《武经》本"凡"下有"此"字，竹简无"此"字。未从竹简。

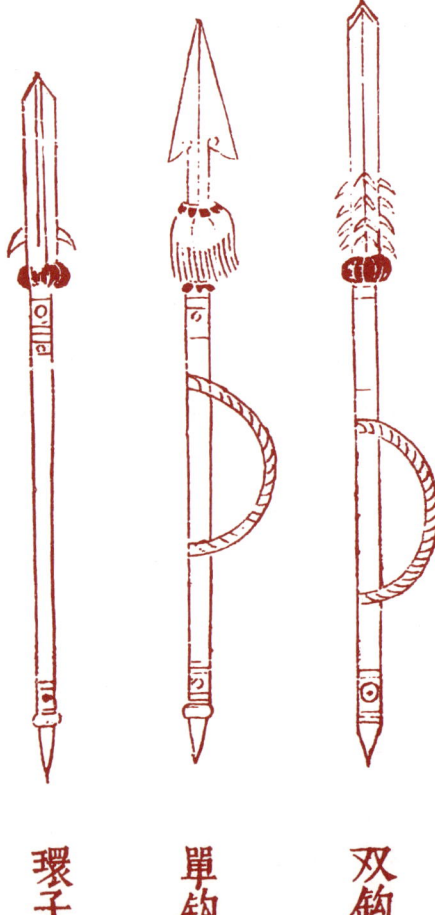

環子鎗　　單鈎鎗　　双鈎鎗

（六十七）凡军好高而恶下，贵阳而贱阴，养生而处实，军无百疾，是谓必胜。^①（曹操曰：恃满实也。养生向水草，可放牧养畜乘。实，犹高也。）丘陵堤防，必处其阳，而右背之。^②此兵之利，地之助也。^③

【注释】

① ［凡军好高而恶下］：意即军队驻扎，应选高处，以便居高临下，便于觇望，利于出击。反之，则不利。

［贵阳而贱阴］：意即应选向阳地方驻扎，营地干燥，避免向阴的地方，以免潮湿，驻在阴湿地方部队易生疾病。

［养生而处实］：养生，靠近水草，便于放牧战马；利粮道便于供应。处实，驻扎在地势高处。

［军无百疾，是谓必胜］：军队中没有各种疾病发生，人强马壮就能保障取得作战胜利。

② ［丘陵堤防］：在丘陵和堤防这种地形上。

［必处其阳］：一定占领向阳的一面。

［而右背之］：军队的主力或主要翼侧一定要倚托

丘陵或堤防。

③［此兵之利，地之助也］：以上这些，是用兵打仗善于利用地形为辅助的原则。

【译文】

（六十七）凡是驻军总是选择干燥的高地，而避开潮湿的洼地；要求向阳，而回避阴暗；接近水草，保持供应，驻扎高处；这样军中没有各种疾病，也就是胜利的保证了。对于丘陵堤防，应占领它向阳的一面，而把主要的翼侧和后方倚托着它。这些对于用兵有利的措置，是利用地形作为辅助条件的。

（六十八）上雨，水沫至，欲涉者，待其定也。①

（曹操曰：恐半涉而水遽涨也。）

【注释】

①[上雨]：指河流的上游下雨。

[水沫至]：北方山洪暴发前，先有水沫冲来。

[欲涉者，待其定也]：部队如果要徒步过河，就要等到洪峰过后水流稍定，才好徒涉，否则洪峰冲来既快而猛，会把部队冲掉。《校笺》作者谓："此句当在'欲战者，无附水而迎客'之下。"可是，此句是讲行军中过河，"无附水而迎客"是讲沿河防御，前后各是一回事。所以这里我们把它另作一段。

【译文】

（六十八）上游下雨，水沫冲来，要徒涉的，应等待水流稍定，然后才徒涉。

（六十九）凡地有绝涧、天井、天牢、天罗、天陷、天隙，（曹操曰：山深水大者为绝涧，四方高、中央下为天井，深山所过若蒙笼者为天牢，可以罗绝人者为天罗，地形陷者为天陷，山涧道迫狭、地形深数尺长数丈者为天隙。）必亟去之，勿近也。① 吾远之，敌近之；吾迎之，敌背之。② （曹操曰：用兵常远六害，今敌近背之，则我利敌凶。）

【注释】

① ［凡地有绝涧］：绝涧，前后险峻，水横其中，断绝人行。

［天井］：四面陡峭，溪水所归，天然大井。

［天牢］：三面环绝，易进难出，天然牢狱。

［天罗］：草木深密，行动困难，天然罗网。

［天陷］：地势低洼，道路泥泞，天然陷阱。

［天隙］：地多沟坑，既深且长，天然地隙。

［必亟去之，勿近也］：遇到上述地形，必须赶快离开，不能接近它。

② ［吾远之，敌近之］：上述这些不利的地形，

我军必须远离它，让敌军去接近它。

　　［吾迎之，敌背之］：我军应面向这些地方，而让敌军背靠它。

【译文】

　　（六十九）地形有"绝涧"、"天井"、"天牢"、"天罗"、"天陷"、"天隙"，〔遇上这些地形〕必须迅速离开，不要接近。我们应远离这种地形，让敌人去靠近它；我们应面向着它，而让敌人去背靠着它。

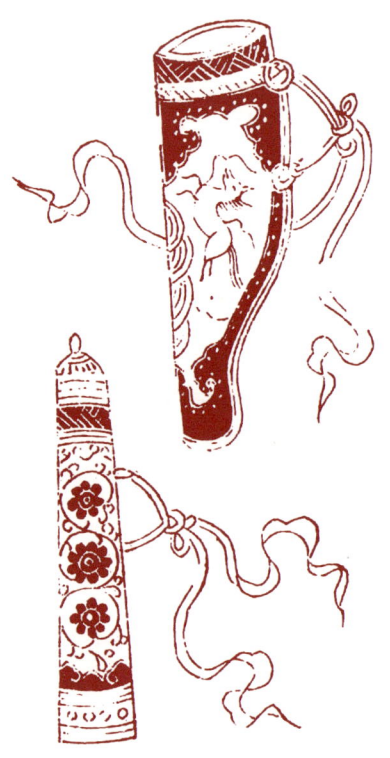

弓代袋

箭戴

（七十）军行有险阻、潢井、葭苇、山林、翳荟者，必谨复索之，此伏奸之所处也。[①]（曹操曰：险者，一高一下之地。阻者，多水也。潢者，池也。井者，下也。葭苇者，众草所聚。山林者，众木所居也。翳荟者，可屏蔽之处也。此以上论地形也，以下相敌情也。）

【注释】

①［军行有险阻］：军行，一作"军旁"，不管用"行"字抑用"旁"字，都只能作行军路旁解。险阻，有悬崖绝壁的隘路。

［潢（huáng黄）井］：潢，积水地。潢井，泛指沼泽水网地带。

［葭苇］：即芦苇丛生之地。

［翳荟（yì huì意会）］：草木繁盛之所。

［必谨复索之，此伏奸之所处也］：这些地方是敌军侦探最易隐藏的地方，必须反复搜索之。 以上论行军所过之处，对各种地形的处置要领；以下论对各种征候的情况判断。

【译文】

（七十）进军路上遇有悬崖绝壁的隘路、湖沼、水网、芦苇、山林和草木茂盛的地方，必须谨慎地反复搜索，这些都是敌人可能设下埋伏或隐蔽侦察的地方。

（七十一）敌近而静者，恃其险也；远而挑战者，欲人之进也；其所居易者，利也。^①（曹操曰：所居利也。）

【注释】

①［敌近而静者，恃其险也］：敌近迫而不动，是倚靠占领了险要、有利的地形。

［远而挑战者，欲人之进也］：相隔很远而派少数部队挑战的，是想引诱我前进。

［其所居易者，利也］：敌居平坦开阔地，是想诱我前进，有利于同我决战。曹注："所居利也。"

【译文】

（七十一）敌人逼近而安静的，是依靠他占领地形的险要；敌人远离而来挑战的，是想诱我前进；敌人所占领的地形平坦的，是有利于同我决战。

（七十二）众树动者，来也；（曹操曰：斩伐树木，除道进来，故动。）众草多障者，疑也；（曹操曰：结草为障，欲使我疑也。）鸟起者，伏也；（曹操曰：鸟起其上，下有伏兵。）兽骇者，覆也。[1]（曹操曰：敌广陈张翼，来覆我也。）尘高而锐者，车来也；卑而广者，徒来也；散而条达者，樵采也；少而往来者，营军也。[2]

【注释】

[1]［众树动者，来也］：（由此至七十四段讲的，在现代军语上叫征候，按发现敌人、接近敌人、敌使来往和敌军内部情况的秩序看，这段话似应在前段之前。从七十一至七十四段内，还有好些句似多系错简）虽无风雨而众树摇动的表明树林内有敌军隐蔽而来。

［众草多障者，疑也］：许多草布置着障碍，表明敌人设的疑兵。

［鸟起者，伏也］：树林中鸟群突然飞起，表明下面必有敌人设伏。

［兽骇者，覆也］：野生兽类惊骇奔走，表示敌正来袭击。曹注："敌广阵，张翼，来覆我也。"

②［尘高而锐者，车来也］：飞尘高而尖，这是战车驰来的征候。

［卑而广者，徒来也］：飞尘低而广阔，这是步兵来的表现。

［散而条达者，樵采也］：飞尘散乱纵横，断断续续，这是少数敌兵在砍柴和曳树的征候。杜牧注："樵采者，各随所向，故尘埃散衍。"条达，纵横断绝貌。春秋时期，晋人打仗时多使部队曳柴，被曳的树枝树叶是多而且大的，引起的尘土广而集中，这才能使敌军误以为大军来也，那与"散而条达者"不同。《新笺》作者以为"应作'薪来'为是"，说是"既言'散而条达'则必非砍柴，而是曳柴。"其实砍柴不曳柴，难道背回或挑回？砍柴后，曳回的柴是少而分散的，所以杜牧说"各随所向"。砍柴曳回的少而分散的曳柴和大量的作为佯动的曳柴大有区别，所以要把"樵采"改为"薪来"是错误的。

［少而往来者，营军也］：尘土少而且时起时落的，表明敌军正在安营扎寨。

（七十二）〔无风而〕许多树木摇动的，是敌人隐蔽前来；丛草中有许多障碍的，是敌人布下的疑阵；鸟飞起的，是下面有伏兵；兽骇走的，是敌人隐蔽来袭；尘土高而尖的，是敌人的战车来了；尘土低而宽广的，是敌人的步兵来了；尘土疏散飞扬的，是敌人在砍柴曳柴；尘土少而时起时落的，是敌人正在扎营。

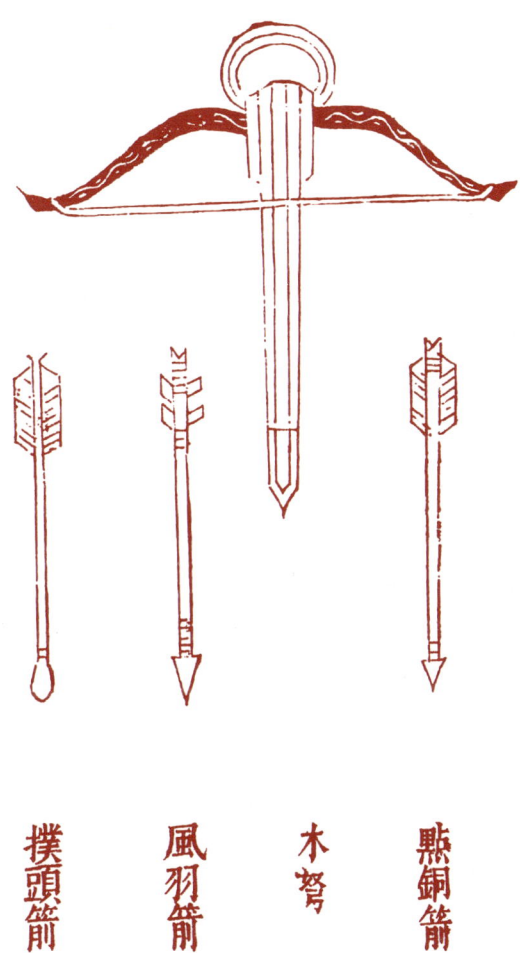

（七十三）辞卑而益备者，进也；（曹操曰：其使来卑辞，使间视之，敌人增备也。）辞强而进驱者，退也；轻车先出居其侧者，陈也；无约而请和者，谋也；（曹操曰：诡诈也。）奔走而陈兵者[1]，期也；（曹操曰：陈兵欲战也。）半进半退者，诱也。①

【注释】

① [辞卑而益备者，进也]：敌人来使言辞卑逊，而敌军却加强战备，这是准备进攻。

[辞强而进驱者，退也]：敌人来使言辞强硬，军队装作前进，其实是准备退走。

[轻车先出居其侧者，陈也]：陈，同"阵"，作动词用。"陈也"即敌人先派出轻战车于两侧掩护布阵，也就是敌军展开成战斗队形。

[无约而请和者，谋也]：敌无所求于我而请求议和，是另有阴谋。

[奔走而陈兵者，期也]：敌人奔走而展开兵力，期待同我决战。

[半进半退者，诱也]：半进半退或不进也不退，诡为乱形欲诱我也。

（七十三）敌人派来的使者措辞谦逊却正在加紧战备的，是准备进攻；措辞强硬而摆成前进姿态的，是准备后退；轻车先出动，部署在翼侧的，是在布列阵势；没有约会而来讲和的，是另有阴谋；敌人兵卒奔走而摆开兵车列阵的，是期待同我决战；敌人半进半退的，是企图引诱我军。

【试笺】

上文论尘飞、鸟起、兽骇等都是一般的现象，容易看出其企图。这一段举的多是假象，是要求当事者不为假象迷惑，而需要冷静看清敌人的企图（计谋，行动）。

【校勘】

〔1〕奔走而陈兵者：十家本"兵"下有"车"字，《武经》本、竹简"兵"下无"车"字。今从竹简、《武经》本删"车"字。

（七十四）杖而立者，饥也；汲而先饮者[1]，渴也；见利而不进者，劳也；（曹操曰：士卒之疲劳也。）鸟集者，虚也；夜呼者，恐也；（曹操曰：军士夜呼，将不勇也。）军扰者，将不重也；旌旗动者，乱也；吏怒者，倦也；粟马肉食，军无悬瓿，不返其舍者[2]，穷寇也；谆谆翕翕，（曹操曰：谆谆，语貌。翕翕，失志貌。）徐与人言者，失众也；数赏者，窘也；数罚者，困也；先暴而后畏其众者，不精之至也；（曹操曰：先轻敌，后闻其众，则心恶之也。）来委谢者，欲休息也。[1]兵怒而相迎，久而不合，又不相去，必谨察之。[2]（曹操曰：备奇伏也。）

【注释】

①〔杖而立者，饥也〕：杖，拄杖而立。这表明敌人饥饿疲惫。

〔汲而先饮者，渴也〕：汲水而自己先喝，表明敌军干渴。

［见利而不进者，劳也］：敌人疲惫不堪，以至见利也不愿争取。

［鸟集者，虚也］：敌营寨上或帐篷上群鸟飞集，可见其下必是空营。

［夜呼者，恐也］：这在旧军队叫"惊营"，表明军心不稳，夜间惊慌。

［军扰者，将不重也］：敌军中士卒惊扰，这是将军治军不严而无威望。

［旌旗动者，乱也］：旗乱动，表明阵乱。

［吏怒者，倦也］：军吏无故发怒生气，表明敌人已厌倦。

［粟马肉食，军无悬瓿，不返其舍者，穷寇也］："瓿"（fǒu否），野营中用树枝相架而吊起的煮饭陶锅。这里说的是：把人吃的粮食喂马，把运载粮秣的牛杀掉吃肉，军中吊着的饭锅也打烂掉，表示不再造饭，军队扎在营外准备拼一死战，这叫做穷寇。

［谆谆翕翕（xī吸），徐与人言者，失众也］：低声下气和部下讲话的，是将帅失去了人心。

［数赏者，窘也］：不断颁发奖赏，是没有办法鼓舞士志。

［数罚者，困也］：不断惩罚，是敌人处境困难。

〔先暴而后畏其众者，不精之至也〕：先是粗暴严厉，而后又害怕部下，这是最不高明的将领。

　　〔来委谢者，欲休息也〕：派来使者言辞委婉态度谦逊的，是敌人企图休战。

　　②〔兵怒而相迎〕：指敌军很愤怒地向我前进。

　　〔久而不合，又不相去〕：久不交战，而又不撤退。

　　〔必谨察之〕：必须谨慎地察明它的真实意图（曹注、李筌注均云备奇伏也）。

【译文】

　　（七十四）敌兵倚着兵器而站立的，是饥饿的表现；敌兵打水而自己先饮的，是干渴的表现；敌人见利而不前进的，是疲劳的表现；〔敌人营寨上〕集聚鸟雀的，下面是空营；敌人夜间惊叫的，是恐慌的表现；敌军惊扰的，是敌将不持重；旗帜摇动不整齐的，是敌人队伍已经混乱；敌人军官易怒的，是疲倦的表现；用粮食喂马，杀掉〔拉辎重大车的〕牛吃肉，收拾起炊具，部队不返营舍的，是准备拼命突围〔或逃跑〕的穷寇；低声下气同部下讲话的，是敌将失去人心；不断奖励的，是敌军没有办法，不断惩罚的，是敌人处境困难；先强暴然后又害怕部下的，是最不精明的将领；派来使者谈判措辞委婉态度谦逊的，是敌人想休战；敌军愤怒向我前进，但久不交锋又不撤退的，必须谨慎地观察他的企图。

【校勘】

〔1〕汲而先饮者：十家本、《武经》本"汲"下作"而"字，竹简"汲"下作"役"字。汲役先饮者是说打水的兵士自己先饮。意相似。

〔2〕粟马肉食，军无悬瓯，不返其舍者：《武经》本作："杀马肉食者军无粮也，悬瓯不返其舍者，穷寇也。"今从十家本。

（七十五）兵非贵益多也[1]，（曹操曰：权力均。）惟无武进，（曹操曰：未见便也。）足以并力、料敌、取人而已。①（曹操曰：厮养足也。）夫惟无虑而易敌者，必擒于人。②

【注释】

①［兵非贵益多也，惟无武进，足以并力、料敌、取人而已］：兵不在越多越好，只要不盲目冒进，而能够集中力量，判明敌情，选拔人才就行啦。

②［夫惟无虑而易敌者，必擒于人］：只有那些没有深思熟虑而又轻敌的人，必定会被敌人所俘虏。

【译文】

（七十五）兵力不在于愈多愈好，只要不盲目冒进，而能集中力量，判明敌情，选拔人才，就行啦。只有那种毫无深思熟虑而又轻敌的人，必定会被敌人所俘虏。

〔1〕兵非贵益多也：《武经》本"非"下有"贵"字，十家本无"贵"字。曹注："一云兵非贵益多。"今从《武经》本。

（七十六）卒未亲附而罚之，则不服，不服则难用也。^①卒已亲附而罚不行^[1]，则不可用也。^②（曹操曰：恩信已洽，若无刑罚，则骄惰难用也。）故令之以文，齐之以武，是谓必取。^③（曹操曰：文，仁也。武，法也。）令素行以教其民，则民服；令不素行以教其民，则民不服。^④令素行者，与众相得也。^⑤

【注释】

①［卒未亲附而罚之，则不服，不服则难用也］：兵卒在未亲近依附之前就施用惩罚，他们就会不服。不服就很难使用了。

②［卒已亲附而罚不行，则不可用也］：兵卒已经亲近依附了，如果不能执行纪律，这样的部队就不能用来作战。

③［故令之以文］：所以要用"文"的怀柔、安抚手段。

［齐之以武］：用军纪军法严厉惩罚等手段使军队整齐一致。前后两者也就是所谓恩威并济。

［是谓必取］：意为按上述办法教养的军队就能成为必胜之军。

　　④［令素行以教其民，则民服］：平时就用严格贯彻命令的要求来管教兵卒，兵卒就能养成服从的习惯。

　　［令不素行以教其民，则民不服］：平时不能严格执行命令，或朝令夕改，那样管教兵卒，兵卒就会养成不服从的习惯。

　　⑤［令素行者，与众相得也］：平素能令行禁止的军队，表明将帅同兵卒之间相处得来。即将帅能够指挥调动整个部队行动一致。

【译文】

　　（七十六）兵卒还未曾亲近依附之前就执行惩罚，他们会不服，不服就很难使用。兵卒已经依附，如果纪律不能执行，也不能用来作战。所以要用"文"的〔怀柔手段〕去管理他们，用"武"的〔军纪军法〕使他们整齐一致，这就叫做必胜之军。平素严格贯彻命令来管教兵卒，兵卒就能养成服从的习惯，平素不能严格贯彻命令来管教兵卒，兵卒就会养成不服从的习惯。命令平素能贯彻执行的，是表明将帅同兵卒之间相处得来。

《孙子》在论"处军"中，把行军所过地区的处置分成四类：即处山、处水、处斥泽、处平陆，分别指出了处军的原则。对于征候，他的论述从远望树动、鸟飞、兽骇、尘起说起，讲到敌使的言辞，最后论到敌军内部的种种表现（因断简，所以秩序有些颠倒）。所举之例，自然早已过时，然而二十年代国内旧军队之"野外勤务条令"中仍引用了鸟飞尘起之类的例子。现在，观测器材迅速发展不断完善，侦察的概念为之一新，决非古代可比，然而本篇所述判断情况的某些方法，仍有可供参考之处。又，《孙子》在本篇中提出："兵非贵益多也，惟无武进，足以并力、料敌、取人而已。夫惟无虑而易敌者，必擒于人。"对每个指挥员都值得参考。

【校勘】

〔1〕卒已亲附而罚不行："亲附"竹简作"专亲"，与诸本异，未从之。

地形篇 第十

曹操曰：欲战，审地形以立胜也。

本篇主要内容：上半是论和作战有密切关系的地形，孙子把它区分为六种，简称为六形，在作战前必须认真精密研究，以为立胜前提；下半论军队必败的六种情况，简称为六败。篇末阐述爱兵之重要和将帅的责任心，都提出了卓越的命题。

（七十七）孙子曰：地形有"通"者，有"挂"者，有"支"者，有"隘"者，有"险"者，有"远"者。①我可以往，彼可以来，曰"通"；"通"形者，先居高阳，利粮道，以战则利。②可以往，难以返，曰"挂"；"挂"形者，敌无备，出而胜之；敌若有备，出而不胜，难以返，不利。③我出而不利，彼出而不利，曰"支"；"支"形者，敌虽利我，我无出也；引而去之，令敌半出而击之，利。④（曹操曰：宁致人，无致于人。）"隘"形者，我先居之，必盈之以待敌；若敌先居之，盈而勿从，不盈而从之。⑤（曹操曰：隘形者，两山间通谷也，敌势不得挠我也。我先居之，必前齐隘口，陈而守之，以出奇也。敌若先居此地，齐口陈，勿从也。即半隘陈者从之，而与敌共此利也。）"险"形者，我先居之，必居高阳以待敌；若敌先居之，引而去之，勿从也。⑥（曹操曰：地形险隘，尤不可致于人。）"远"形者，势均，难以挑战，战而不利。⑦（曹操曰：挑战者，延敌也。）凡此六者，地之道也；将之至任，不可不察也。⑧

【注释】

①［地形有"通"者，有"挂"者，有"支"者，有"隘"者，有"险"者，有"远"者］：地形在作战上有影响军队进退攻守的利害，可分"通"、"挂"、"支"、"隘"、"险"、"远"六种，叫做"六形"。以下分别把这六种地形对作战的关系、各自的特点和遇到各种不同地形时应采取的行动方针、作战措施，依次加以阐述（这与在战术上讲的"利用地形地物"不同）。

②［我可以往，彼可以来，曰"通"］：我军可以前往，敌军也可以前来，交通方便，没有险阻，

这种地区叫做"通"。

["通"形者，先居高阳，利粮道，以战则利]：遇到这种交通方便的地区，应首先占领视界开阔的高地，并保持粮道畅通，这样就有利于作战。

③[可以往，难以返，曰"挂"]：可以前进，难以后退的地区叫做"挂"。

["挂"形者，敌无备，出而胜之]：在易往难归的"挂"形地区上，当敌人没有防备时，就可以采用突然出击的打法来战胜它。

[敌若有备，出而不胜，难以返，不利]：如果敌人已经有了防备，我军出击不能取胜，后退又困难，就会陷于进退两难的困境了。

④[我出而不利，彼出而不利，曰"支"]："支"，敌我相隔处于隘路两端，敌我双方谁前出都不利的地形。

["支"形者，敌虽利我，我无出也]：在这种"支"形地区上，敌以利诱我，我也不要出击。

[引而去之，令敌半出而击之，利]：我应引军离开，让敌人前出到一半的时候我再回击之，这样打有利。

⑤["隘"形者，我先居之，必盈之以待敌]："隘"，通路狭隘队伍展不开的地区。盈，充满。盈

之，指在像瓶瓮的隘形地域，部队前出到隘口，就像瓶瓮装满了水一样。这里指遇到隘路必须前出占领隘路口，先占之以待敌。

［若敌先居之，盈而勿从，不盈而从之］：如果敌已先占领了隘路口，我则不宜去进攻（唐代安禄山反，兵过函谷关，直迫潼关。两关相距七十里，全为隘路。杨国忠心怀私怨迫潼关守将哥舒翰出战，一昼夜间二十万人全军覆没，成为历史的典型）。如果敌人没有首先到达并占领隘路口，则我可以去打，即所谓狭路相逢勇者胜。

⑥［"险"形者，我先居之，必居高阳以待敌］："险"形者，即地形险要。遇到这种险要地形，我则应首先到达，占领制高要点等待敌人的到来（如派出先遣队急进夺占要地）。

［若敌先居之，引而去之，勿从也］：如果是敌人先我占领了险要地形的制高要点，就应引兵退去，不宜去攻打据险防守的敌人。

⑦［"远"形者，势均，难以挑战，战而不利］："远"形者，即敌我相距较远。在这种相距遥"远"的地区上，敌我双方的形势均等，就不宜挑战。如果求战，对我不利。

⑧［凡此六者，地之道也］：以上所说的六形，

遇到不同地形应根据不同的特点行动。

［将之至任，不可不察也］：这些不同地区特点关系军队胜败存亡，善于利用这些不同的特点是主将非常重大的责任，是不可不认真研究的。

【译文】

（七十七）孙子说：地域形状有"通"、"挂"、"支"、"隘"、"险"、"远"等六形。我们可以去，敌人可以来的地域，叫做"通"。在这种"通"形的地域上，应先占领视界开阔的高地，沟通并保护粮道，这样作战就有利。可以前进，难以后退的地域叫做"挂"。在这种"挂"形的地域上，如果敌人没有防备，就可以突然出击而战胜它；如果敌人有防备，出击而不能取胜，又难以退回，就不利了。我军前出不利，敌军前出也不利的，叫做"支"。在这种"支"形的地域上，纵然敌人利诱我们，我们也不要前出；可引兵离去，让敌人前出一半然后回击它，这样就有利。在"隘"形的地域上，如果我们先到达，必须前出占领隘口，等待敌人来犯；如果敌人先到达，已前出占领隘口的，不要去打；没有占领隘口的，可以去打。在"险"形的地域上，如果我军先到达，必须控制视界开阔的高地，以等待敌人来犯；如果敌人先到达，就应引兵离去，不要去打它。在"远"形地域上，双方形势均等，不宜挑战，勉强求战，就不利。这六条，是利用地形的原则，将帅重大责任所在，是不可不研究的。

城制

（七十八）故兵有"走"者，有"弛"者，有"陷"者，有"崩"者，有"乱"者，有"北"者。[1]凡此六者，非天之灾，将之过也。[2]夫势均，以一击十，曰"走"；（曹操曰：不料力。）卒强吏弱，曰"弛"；（曹操曰：吏不能统，故弛坏。）吏强卒弱，曰"陷"；（曹操曰：吏强欲进，卒弱辄陷，败也。）大吏怒而不服，遇敌怼而自战，将不知其能，曰"崩"；（曹操曰：大吏，小将也。大将怒之而不猒服，怨而赴敌，不量轻重，则必崩坏。）将弱不严，教道不明，吏卒无常，陈兵纵横，曰"乱"；（曹操曰：为将若此，乱之道也。）将不能料敌，以少合众，以弱击强，兵无选锋，曰"北"。[3]（曹操曰：其势若此，必走之兵也。）凡此六者，败之道也；将之至任，不可不察也。[4]

【注释】

① ［故兵有"走"者，有"弛"者，有"陷"

者，有"崩"者，有"乱"者，有"北"者]："故"字不是前面论述的结论，只是另一段落的开头。兵，兵卒，军队。意思是说军队有"走"、"弛"、"陷"、"崩"、"乱"、"北"六种情况。

②[凡此六者，非天之灾，将之过也]：孙子严肃地指出以上六种情况的发生，不是由于天灾，而是由于将帅的过错。

③[夫势均，以一击十，曰"走"]："走"，奔逃，败走。双方强弱相等，一方以一倍兵力去攻击十倍的敌人，即所谓以寡敌众，不能不败走，所以把这类军队叫做"走"。

[卒强吏弱，曰"弛"]："弛"，松弛。兵强官弱，指挥不动，纪律松弛，这类军队叫做"弛"。

[吏强卒弱，曰"陷"]："陷"，陷落。官强兵弱的队伍，军官凭个人勇敢带头去冲锋，士兵跟不上，只会使军官被俘或被杀，这种部队会覆没，所以叫做"陷"（即陷落于敌网之中）。

[大吏怒而不服，遇敌怼而自战，将不知其能，曰"崩"]："崩"，崩溃。怼（duì 对），怨恨，埋怨。大吏即小将或偏将。小将不服从统一的指挥，心怀怨恨，擅自带领所属部队出战，将帅不能控制，这种部队遇到敌军大兵时必然崩溃，所以叫做"崩"。

〔将弱不严，教道不明，吏卒无常，陈兵纵横，曰"乱"〕："乱"，散乱，混乱。将帅懦弱纪律不严，管教不明，士卒不守规矩，出兵列阵时横冲直撞，遇敌作战难免混乱，所以这样的部队叫做"乱"。

〔将不能料敌，以少合众，以弱击强，兵无选锋，曰"北"〕："北"，败北。主将不了解敌情，用劣势兵力去对付优势的敌人，用弱兵去打强敌，不会选择精锐部队担任主攻任务，这样交战，必然失败。所以叫做"北"。

④〔凡此六者，败之道也〕：以上六种情况，必将失败。

〔将之至任，不可不察也〕：这是将领非常重要的责任，不可不认真研究。

【译文】

（七十八）军队有"走"、"弛"、"陷"、"崩"、"乱"、"北"等〔六种必败的〕情况。这六种情况，不是天灾，而是将帅的过错〔造成的〕。凡是形势强弱相等而以一击十的，叫做"走"。兵卒强横军官软弱的，叫做"弛"。军官横蛮兵卒懦弱的，叫做"陷"。偏将愤怒而不服从，遇到敌人因心怀不满而擅自〔带领所属部队单独〕出战，将帅不了解他们会干什么的，叫做"崩"。将帅懦弱不严，管教不明，官兵没有规矩，出兵列阵时横冲直撞的，叫做"乱"。将帅不能判断敌情，用劣势的兵力去对付优势的敌人，用弱兵去打强敌，使用队伍不会选择精锐的，叫做"北"。凡有这六种情况，都是必然要造成失败的，将帅的重大责任所在，是不可不研究的。

（七十九）夫地形者，兵之助也。^①料敌制胜，计险厄远近，上将之道也。^②知此而用战者必胜，不知此而用战者必败。^③

【注释】

①［夫地形者，兵之助也］：地形是用兵的辅助条件。

②［料敌制胜，计险厄远近，上将之道也］：厄（è恶），险要。此句是说：准确地判断敌情定下正确决心，计算地形险易，道路的远近，这是上将主要的责任。

③［知此而用战者必胜，不知此而用战者必败］：知道这一道理而去指导战争，就会胜利；不知道的就必败无疑。

【译文】

（七十九）地形是用兵的辅助条件。判明敌人企图，研究地形险易，计算道路远近，制定取胜计划，这是主将的职责。懂得这些道理去指挥作战的，必然会胜利，不懂得这些道理去指挥作战的，必然会失败。

【试笺】

《孙子》在本篇中，首先分析同大军作战有利害关系的地形，叫做六形，指出在这六种不同地区应分别采取不同的行动方针。然后（不是连接的）论述管理军队必须警惕防止六种必败的情况出现，称之为六败。对六形的研究，六败的警惕防止，孙子都把它列为大将主要责任所在。他强调指出，凡出现这些必败情况的产生，并不是"天灾"，而是将帅的错误。这表现出反天命论的思想。对于地形研究的重要性强调之后则指出"夫地形者，兵之助也"。这里既重视地形，又指明地形不过是用兵的辅助条件，又一次概括地强调"上将之道"，在于"料敌制胜，计险厄远近"，这对于指导战争胜败主观能动的问题集中到一点讲得既简要又明了，对古代将帅的确有指导作用。

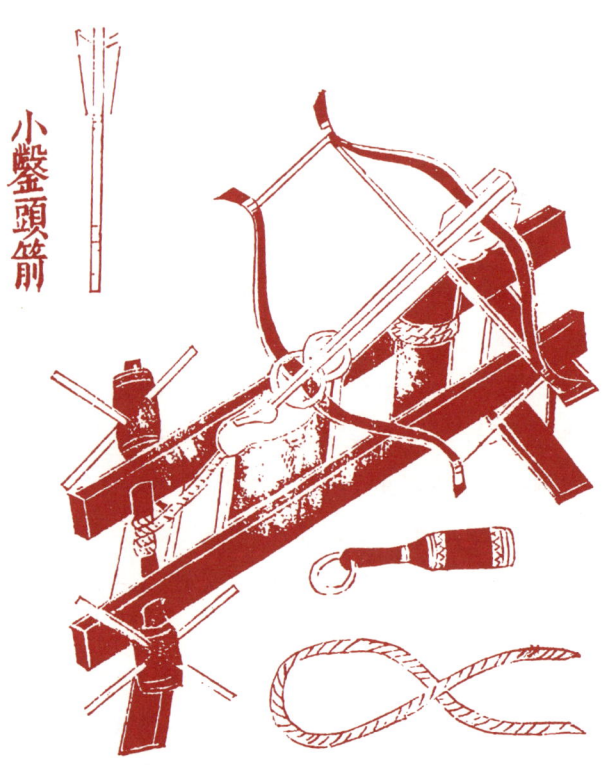

小鑿頭箭

斗子弩
以四人張發小
鑿頭箭射
及一百五十步

（八十）故战道必胜，主曰无战，必战可也；战道不胜，主曰必战，无战可也。①故进不求名，退不避罪，唯人是保，而利合于主，国之宝也。②

【注释】

①［故战道必胜，主曰无战，必战可也］：如果根据战争实际情况和战争发展规律看，必然能取得胜利的，虽然君主说不打，可以坚持去打。

［战道不胜，主曰必战，无战可也］：如果从战争情况和发展规律看不能取胜，虽然君主说一定要打，也可以不打。

②［故进不求名，退不避罪］：所以进不是为了个人的好功求名，退也不是为了个人逃避罪责。

［唯人是保，而利合于主］：人，这里主要指地主阶级。打或不打，都是根据战争实际情况，能打胜的就坚决去打，不能打胜的就坚决不打，这是为了阶级的整体利益而有利于国家亦即有利于君主。

［国之宝也］：这种将帅，才是国家的宝贝。

（八十）从战争规律上看来必然会胜利的，虽然国君说不打，也可以坚持去打；从战争规律上看来不能打胜仗的，虽然国君说一定要打，也可以不去打。所以进不求名誉，退不避刑罚，只知道保护民众而有利于国君。这样的将帅，是国家最宝贵的财产。

（八十一）视卒如婴儿，故可与之赴深溪；视卒如爱子，故可与之俱死。^①厚而不能使，爱而不能令，乱而不能治，譬若骄子，不可用也。^②（曹操曰：恩不可专用，罚不可独任，若骄子之喜怒对目，还害而不可用也。）

【注释】

①［视卒如婴儿，故可与之赴深溪；视卒如爱子，故可与之俱死］：就是说能看待兵卒像自己的婴儿，就可以同他们一起去跳深溪（跳深溪意即可以和兵卒一同去冒险或拼死），看待兵卒像自己的爱子，就可以领他们去拼死。

②［厚而不能使］：如果只知厚待而不能指使。

［爱而不能令］：抚爱而不会命令。

［乱而不能治］：出现混乱，而不能管理。

［譬若骄子，不可用也］：这就像家里的骄子一样，是不能用来打仗的。

【译文】

（八十一）对待兵卒像婴儿，就可以叫他们去冒险；对待兵卒像爱子，就可以叫他们去拼死。如果厚待而不能指使，抚爱而不能命令，违法乱纪而不能治理，那就像骄子一样，是不能用来作战的。

（八十二）知吾卒之可以击，而不知敌之不可击，胜之半也；知敌之可击，而不知吾卒之不可以击，胜之半也；知敌之可击，知吾卒之可以击，而不知地形之不可以战，胜之半也。^①故知兵者，动而不迷，举而不穷。^②故曰：知彼知己，胜乃不殆；知天知地，胜乃可全[1]。^③（曹操曰：胜之半者，未可知也。）

【注释】

①〔知吾卒之可以击，而不知敌之不可击，胜之半也〕：只知道我军之能打，不知道敌军之不可以打，胜利的可能只有一半。

〔知敌之可击，而不知吾卒之不可以击，胜之半也〕：只知道敌军有懈可击，而不知道我军之不能打，胜利的可能只有一半。

〔知敌之可击，知吾卒之可以击，而不知地形之不可以战，胜之半也〕：知道敌人之可以打，也知道我军之能打，而不知地形之不可以打，胜利的可能也只有一半。

②［故知兵者，动而不迷，举而不穷］：了解用兵规律的人，行动不会迷惑，措施变化无穷。

③［知彼知己，胜乃不殆］：了解敌人，了解自己，胜利就没有危险。

［知天知地，胜乃可全］：懂得天时、懂得地利，胜利就有完全的保障。

【译文】

（八十二）了解自己的部队能打，而不了解敌人不可以打，胜利的可能只有一半；了解敌人可打，而不了解自己的部队不能打，胜利的可能只有一半；了解敌人可打，也了解自己的部队能打，而不了解地形之不利于作战，胜利的可能也只有一半。所以懂得用兵的人，行动不会迷惑，措施却又变化无穷。所以说，了解敌人，了解自己，胜利就没有危险；懂得天时，懂得地利，胜利就可保完全。

【试笺】

本篇前面强调了"上将之道"是"料敌制胜，计险厄远近"，这里又指出"知兵者，动而不迷，举而不穷"，不但要"知彼知己"，而且要"知天知地"，可见孙子对将帅的严格要求。篇中强调"爱兵"又说："进不求名，退不避罪"，这是难得的命题，也是军事上的名言。

【校勘】

〔1〕知天知地，胜乃可全：十家本作"知天知地，胜乃不穷"，《武经》本作"知天知地，胜乃可全"。采用"知天知地，胜乃可全"似较妥帖。

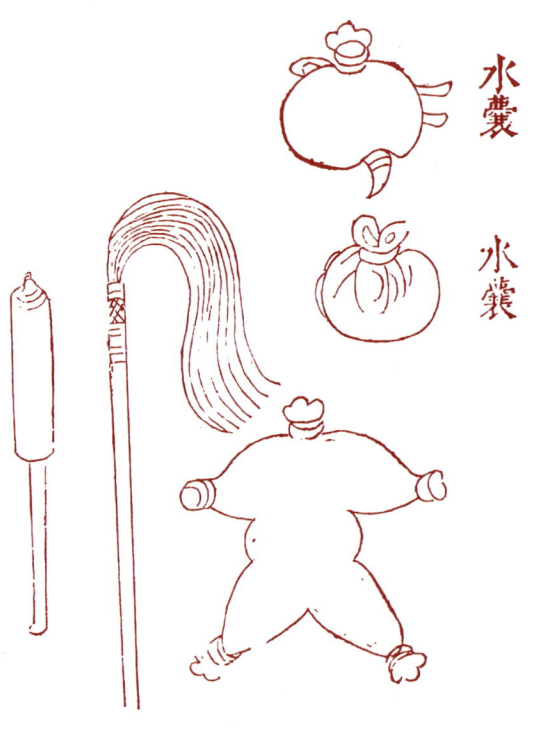

水囊　水㪇

水鑪

水袋　麻搭　唧筒

九地篇 第十一

曹操曰：欲战之地有九。

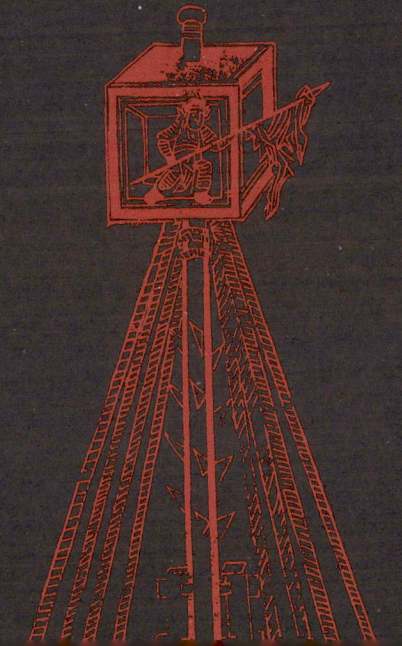

本篇论述进攻敌国时，在不同战地——"九地"的战略问题。所谓"九地"，是指进攻敌国的深浅及所遇到的对战略行动有影响的不同地区的战略行动方针。在本篇反复说明由于"九地"的不同特点和作用，所应采取的不同作战方针。强调要造成敌人弱点，争取主动，乘虚直入，行动迅速；要并气积力，运兵计谋，要善于指挥军队。要善于掌握全军。再又论述了将帅的工作作风；深入别国后的行动和行动的保密与机动。

（八十三）孙子曰：用兵之法，有"散地"，有"轻地"，有"争地"，有"交地"，有"衢地"，有"重地"，有"氾地"〔1〕，有"围地"，有"死地"。①（曹操曰：此九地之名也。）诸侯自战其地〔2〕，为"散地"。②入人之地而不深者，为"轻地"。③（曹操曰：士卒皆轻返也。）我得则利，彼得亦利者，为"争地"。④（曹操曰：可以少胜众、弱击强。）我可以往，彼可以来者，为"交地"。⑤（曹操曰：道正相交错也。我与敌相当，而旁有他国也。）诸侯之地三属，先至而得天下之众者，为"衢地"。⑥（曹操曰：先至，得其国助也。）入人之地深，背城邑多者，为"重地"。⑦山林〔3〕、险阻、沮泽，凡难行之道者，为"氾地"。⑧所由入者隘，所从归者迂，彼寡可以击吾之众者，为"围地"。⑨疾战则存，不疾战则亡者[4]，为"死地"。⑩（曹操曰：难返之地。）是故"散地"则无战，（曹操曰：少固也。）"轻地"则无止，（曹操曰：前有高山，后有大水，进则不得，退则有碍。）"争地"则无攻，（曹操曰：不当攻，当先至为利也。）"交地"则无绝，（曹操曰：相及属也。）"衢地"则合交，（曹操曰：结诸侯也。）"重地"则掠，（曹操曰：畜积粮食也。）"氾地"则行，（曹操曰：无稽留也。）"围地"则谋，（曹操曰：发奇谋也。）"死地"则战。⑪（曹操曰：殊死战也。）

【注释】

①［用兵之法，有"散地"，有"轻地"，有"争地"，有"交地"，有"衢地"，有"重地"，有"氾地"，有"围地"，有"死地"］：根据用兵的规律，在战略上有九种地区对作战有重大影响，这些

地区可分别为：散地、轻地、争地、交地、衢地、重地、氾地、围地和死地。

②［诸侯自战其地，为"散地"］：散地，战争发生在诸侯本土，因战场离家近，士卒容易逃亡、溃散，所以叫做"散地"。这里说的是古代压迫阶级的军队，所以有这种现象。如果说现代的革命战争（人民战争）则在根据地内或国内是能取得广大人民群众支持的。以下"轻地"、"围地"、"死地"都是对这种军队说的。

③［入人之地而不深者，为"轻地"］：轻地，进入敌境内不深，离本国不远，士卒仍容易逃散，所以叫做"轻地"。

④［我得则利，彼得亦利者，为"争地"］：争地，我军得到这个地区有利，敌军得到也有利，对这样的地区敌我双方必然都要争取先得到它，所以叫做"争地"。

⑤［我可以往，彼可以来者，为"交地"］：交地，我军可以往，敌军可以来，道路交错，交通方便，所以这样的地区叫做"交地"。

⑥［诸侯之地三属，先至而得天下之众者，为"衢地"］：衢地，即四通八达的地方，为三国交界之处，谁先到达就可以得到周围诸侯的帮助，这样

的地方叫做"衢地"。

⑦［入人之地深，背城邑多者，为"重地"］：深入敌国，兵卒不易也不敢逃亡，可以心专意一，但背后有很多敌国的城塞，同本国交通运输远隔，后退困难，形势严重，所以这种地区叫做"重地"。

⑧［山林、险阻、沮泽，凡难行之道者，为"圮地"］：圮地，包括山林、险要隘路、水网地、湖沼等难以通行的地区。

⑨［所由入者隘，所从归者迂，彼寡可以击吾之众者，为"围地"］：围地，指所由进入的道路狭隘，所从退归的道路迂远，敌军用少数兵力即可攻击多数的我军的地区，叫做"围地"。

⑩［疾战则存，不疾战则亡者，为"死地"］：地形不利，只有奋勇作战才能生存，不迅速奋勇作战就只有死路一条的地区。叫做"死地"。

⑪［是故"散地"则无战］：因此在"散地"上不宜作战。

［"轻地"则无止］：军队在"轻地"不宜停留。

［"争地"则无攻］：军队遇到"争地"，就要首先占领战场要点，不要让敌军先占领要点再去进攻。

［"交地"则无绝］：在"交地"要注意军队部署能互相策应确保联系。

〔"衢地"则合交〕：在"衢地"要同相邻诸侯国加强外交活动，结交诸侯。

〔"重地"则掠〕：军队进入"重地"要征掠敌国的粮秣保障自己部队的供给。因为是深入敌国作战，后方运输困难，孙子认为必须"因粮于敌"。

〔"氾地"则行〕：军队作战遇到"氾地"必须设法迅速通过。

〔"围地"则谋〕：军队陷入"围地"必须善于运用计谋，以免被围。

〔"死地"则战〕：军队进入"死地"必须拼死作战才能得以生存，将帅的情况判断和决心必须迅速果断，倘一徘徊犹豫，即将自取灭亡。

【译文】

（八十三）孙子说：按用兵的规律，〔地区在战略上因位置和条件不同，对作战将发生不同的影响〕可分为"散地"、"轻地"、"争地"、"交地"、"衢地"、"重地"、"氾地"、"围地"、"死地"。诸侯在本国境内作战的地区，叫做"散地"。进入别人国境不深的地区，叫做"轻地"。我军得到有利，敌军得到也有利的地区，叫做"争地"。我军可以往，敌军也可以来的地区，叫做"交地"。处在三国交界的先到就可以结交周围诸侯取得多助的地区，叫做"衢地"。深入敌境，背后有很多敌人城邑的地区，叫做"重地"。山岭、森林、险要、阻塞、水网、湖沼等难于通行的地区，叫做"氾地"。所由进入的途径狭隘，所从退归的道路迂远，故军用少数兵力就可以攻击我多数兵力的地区，叫做"围地"。迅速奋勇作战就能生存，不迅速奋勇作战就只有死亡的地区，叫做"死地"。因此在"散地"上，不宜作战；在"轻地"上，不宜停留；遇"争地"〔应先夺占要点〕，不要〔等待敌人占领后再去〕进攻；逢"交地"，应部署相连，勿失联络；到"衢地"，则应加强外交活动，结交诸侯；深入"重地"，就要掠取粮秣；遇到"氾地"，就要迅速通过；陷入"围地"，就要运谋设计；到了"死地"，就要奋勇作战，死里求生。

【试笺】

九地是从战略上对不同的地区进行分析，属于我们现在所说的"兵要地理"的萌芽。上文《九变篇》中（五十九）讲了五种地区的特殊措施，本篇本段（八十三）提出"九地"的名称和简单的解说；下文（九十）又论述了"九地"上的行动方针。这些都可看作孙子的地形观。他不仅看到了不同地形对军事战略的重要作用，而且指出"夫地形者，兵之助也"，说明地形只是用兵的辅助条件，可见他不迷信天灾，也不单靠地利。

【校勘】

〔1〕有"氾地"：十家本、《武经》本作"有'圮地'"，竹简"圮"作"泛"。"氾"与"汜"形近易误。"氾"、"泛"古通，其字本应作"氾地"。以下均作"氾地"。

〔2〕诸侯自战其地：十家本、《武经》本"侯"下有"自"字。竹简无"自"字。可能抄漏，故不从竹简。

〔3〕山林：十家本"山林"上有"行"字，但《武经》本则无。"行"字当是后人臆增或抄错，在此是多余的，故删之。

〔4〕疾战则存，不疾战则亡者：十家本、《武经》本"疾"字下皆有"战"字。竹简无"战"字。当系抄漏，如无"战"字，于文不通。十家注中李筌作"疾战则存，不疾战则亡"，贾林亦说"速为死战则生"，何氏曰"死地力战或生"，张预则曰"励士决战而不可缓也"。未从竹简。

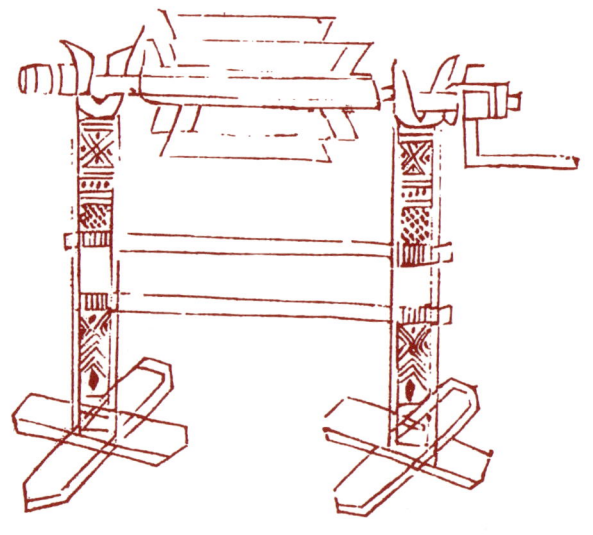

風扇車

（八十四）所谓古之善用兵者，能使敌人前后不相及，众寡不相恃，贵贱不相救，上下不相收，卒离而不集，兵合而不齐。①合于利而动，不合于利而止。②（曹操曰：暴之使离，乱之使不齐，动兵而战。）敢问："敌众整而将来，待之若何？"（曹操曰：或问也。）曰："先夺其所爱，则听矣。"③（曹操曰：夺其所恃之利。若先据利地，则我所欲必得也。）

【注释】

①［所谓古之善用兵者］：所谓古来善于用兵作战的人，都要具备下面所讲的指挥艺术。

［能使敌人前后不相及］：能使敌军的前、后部队不能相策应。

［众寡不相恃］：能使敌军的主力和小部队不能互相依靠。

［贵贱不相救］：贵贱，古时指地位高贵与地位卑微的人，如奴隶主与奴隶，封建主与农奴；这里指将官和兵卒。意思是说能使敌军的官兵之间不能

相救应。

[上下不相收]：能使敌军上下不能相收容。

[卒离而不集]：能使敌军士卒杂乱集合不起来。

[兵合而不齐]：能使敌军的队伍集合起来而不能整齐。

②[合于利而动，不合于利而止]：能够造成有利于我的局面就行动，不能造成有利于我的局面就停止。

③[敢问："敌众整而将来，待之若何"]：请问：假如敌军众多而且队形整齐地向我前进，应该怎么样对付他呢？

[曰："先夺其所爱，则听矣"]：回答说，首先夺取敌军所依赖的有利条件，敌人就不得不听从我之调动了。即迫令敌人不得不陷于被动。

【译文】

（八十四）古来善于指挥作战的人，能使敌人前后部队不能相策应，主力和小部队不能相依靠，官兵不能相救应，上下不能相收容，兵卒离散集合不拢，队伍集合而不齐整。能造成有利于我的局面就打（就行动），不能造成有利于我的局面就停止。请问："假使敌军众多，而严整地向我前进，该怎样对付它呢？"回答说："先夺取敌人所心爱的有利条件，就能使它〔陷入被动而〕听从我们〔调动〕了。"

（八十五）兵之情主速，乘人之不及，由不虞之道，攻其所不戒也。^①（曹操曰：孙子应难以覆陈兵情也。）

【注释】

①［兵之情主速，乘人之不及，由不虞之道，攻其所不戒也］：情：意旨，真心实意。主速，要求迅速，迅速才能使敌人措手不及。不虞，即意料不到。全句意思即用兵的意旨在于迅速，乘敌人措手不及的时机。由敌人意料不到的道路，攻击敌不注意守备的地方。

【译文】

（八十五）用兵的意旨就是要迅速，乘敌人措手不及的时机，走敌人意料不到的道路，攻击敌人没有戒备的地方。

（八十六）凡为客之道：深入则专，主人不克；掠于饶野，三军足食；谨养而勿劳，并气积力，运兵计谋，为不可测。①（曹操曰：养士并气运兵，为不可测度之计。）投之无所往，死且不北，死焉不得，士人尽力。②（曹操曰：士死安不得也。）兵士甚陷则不惧，（曹操曰：在难地心并也。）无所往则固，深入则拘，（曹操曰：拘，缚也。）不得已则斗。③（曹操曰：人穷则死战也。）是故其兵不修而戒，不求而得，不约而亲，不令而信。④（曹操曰：不求索其意，自得力也。）禁祥去疑，至死无所之。⑤（曹操曰：禁妖祥之言，去疑惑之计。）吾士无余财，非恶货也；无余命，非恶寿也。⑥（曹操曰：皆烧焚财物，非恶货之多也；弃财致死者，不得已也。）令发之日，士卒坐者涕沾襟，卧者涕交颐[1]。⑦投之无所往者，诸、刿之勇也。⑧（曹操曰：皆持必死之计。）

①[凡为客之道]：为客，即侵入别国。道，规律原则。

[深入则专，主人不克]：主人，指被进攻的国家或军队。不克，指打不赢或不能抵抗。意思是说深入到敌国境内，士兵就会专心一致不敢逃亡，只好拼命作战，敌军抵御不住。

[掠于饶野，三军足食]：掠夺敌国富饶田野上的粮食，草料，使三军人马吃饱，也就是"因粮于敌"。

[谨养而勿劳，并气积力，运兵计谋，为不可测]：注意利用作战间隙休养兵力，积蓄锐气，集中力量，调整军队，巧设计谋，使敌人无从推测。

②[投之无所往]：就是把部队投入到无路可走的地方。

[死且不北]：就是只能拼死作战才能指望死里求生，不敢败北（害怕被俘被辱和被杀）。

[死焉不得，士人尽力]：士卒敢于拼死，又哪有不胜之理？！士兵到了这种境地，就不能不尽力了。

③[兵士甚陷则不惧]：兵士陷入危险的境地越

深，就反而不再感到恐惑了。

[无所往则固]：到了无路可走的地方，军队就会巩固。（这是所有剥削阶级军事家们共同的想法。）

[深入则拘]：深入到敌国之后，士卒就不会散漫了。

[不得已则斗]：到了万不得已的地步，士卒们就会拼个你死我活。

④[是故其兵不修而戒]：不修，即不用整顿告诫。因此这样的军队不用整顿而会自动戒备。

[不求而得]：不待鼓励，都会出力。

[不约而亲]：不必约束鼓励，就会自然亲密协力。

[不令而信]：即用不着三令五申，都会遵守命令和纪律。

⑤[禁祥去疑]：禁祥，即禁止迷信（卜卦、看相、算命等）。去疑，即消除部属的疑虑。

[至死无所之]：意思是说直至战死也不会往别处走。

⑥[吾士无余财，非恶货也]：无余财，即不让兵卒有很多财物，以免有"苟生之意，无必死之心"。非恶货，是说不是不爱财物。

［无余命，非恶寿也］：无余命，是说不是不爱惜性命长寿，而是要使士卒不拼命就不能保命。

⑦［令发之日，士卒坐者涕沾襟，卧者涕交颐］：意即颁发命令之日，士卒中坐着的泪水湿了衣襟，躺着的泪流满面。

⑧［投之无所往者，诸、刿之勇也］：诸，专诸。春秋末吴国堂邑（今江苏六合北）人。公元前五一五年，受伍子胥收买，在吴公子光（即阖闾）特设的宴会上进菜时，从鱼腹中取出暗藏的小剑刺杀吴王僚。他拔出剑时，吴王僚的卫士的长矛已从他背上刺进，但他仍然奋勇把吴王僚刺死，公子光的卫兵又把吴王僚的卫兵全部消灭，完成了一次宫廷政变。刿（guì 贵），曹刿，即曹沫。春秋时鲁国武士。鲁庄公十年（公元前六八四年），齐攻鲁，他求见庄公，随庄公战于长勺，待齐军一鼓作气，再而衰，三而竭时，叫庄公击鼓进攻，结果取胜。相传齐君与鲁君在柯（今山东东阿）相会，他持剑相从，挟持齐君订立盟约，收回失地。举这两人名字为勇者的典范。此句意思是，把部队置于除非拼命前进杀敌别无他路可走的境地，士卒们就会有像专诸和曹刿那样勇敢的了。

【译文】

（八十六）凡是进入敌国作战的规律：深入敌境，则专心一致，使敌方不能抵抗；在丰饶的田野上掠取粮草，使全军得到足够的给养；注意保养士兵的体力，不使过于疲劳，提高士气，集中力量，部署兵力，巧设计谋，使敌人莫测高深。把部队投放在无路可走的地方，就只能拼死而不能败退，既然士卒肯拼死，又哪有不得胜之理，上下也就能尽力而战了。〔要知道〕兵士深陷危险的境地，就不恐惧，无路可走，军心就会巩固，深入敌国，行动就不敢散漫，迫不得已，就只好坚决战斗。因此这种军队不待修整，都懂得戒备，不待鼓励，都愿意出力，不待约束，都能亲密协力，不待申令，都会遵守纪律。禁止迷信，消除部属的疑惑，至死也无处走。我军士兵没有多余的钱财，不是士兵们不爱财物；我军没有贪生胆小的人，不是士兵们都不想长命。当作战命令颁发的时候，士兵们坐着的泪湿衣襟，躺着的泪流满面。〔把他们〕投到除了向前拼命再无别路可走的地方，就会有像专诸和曹刿一样的勇敢了。

【校勘】

〔1〕士卒坐者涕沾襟，卧者涕交颐：十家本、竹简"士"下无"卒"字，"卧"前无"偃"字。诸本比较，我们认为留"卒"字、删"偃"字文意较顺。原文整理如上。

塞門刀車

（八十七）故善用兵者，譬如"率然"；"率然"者，常山之蛇也。①击其首则尾至，击其尾则首至，击其中则首尾俱至[1]。②敢问："兵可使如'率然'乎"？③曰："可。"④夫吴人与越人相恶也，当其同舟而济，遇风[2]，其相救也，如左右手。⑤是故方马埋轮，未足恃也；（曹操曰：方，缚马也。埋轮，示不动也。此言专难不如权巧。故曰：虽方马埋轮，不足恃也。）齐勇若一，（曹操曰：强弱一势也。）政之道也；刚柔皆得，地之理也。⑥故善用兵者，携手若使一人，（曹操曰：齐一貌也。）不得已也。⑦

【注释】

①［故善用兵者，譬如"率然"；"率然"者，常山之蛇也］："率然"，一种蛇的名字。常山（竹简作"恒山"），在今河北曲阳西北，为五岳中的北岳。汉避文帝刘恒讳，改称常山。

②［击其首则尾至，击其尾则首至，击其中则

首尾俱至］:"率然"这种蛇，打它的头，尾就来救应；打它的尾，头就来救应；打它的中间，头和尾都来救应。这里是用蛇能首尾相救来比喻军队作战也要求能互相策应。

③［敢问:"兵可使如'率然'乎"］:请问:能使军队像"率然"那样吗？

④［曰:"可"］:回答是:可以。

⑤［夫吴人与越人相恶也，当其同舟而济，遇风，其相救也，如左右手］:这段话是把吴国人民和越国人民之间的关系和遇难时的态度做譬喻。意思是说吴国人和越国人虽然互相仇恨，但当他们同乘一条船，遇到大风时，他们也会互相救援，就像一个人的左右手那样协调。

⑥［是故方马埋轮，未足恃也］:方马，即拴住马。意思是说即使采用拴住马、埋住车轮子的办法以防止士卒逃跑，也是靠不住的。

［齐勇若一，政之道也］:要使士卒一致奋勇作战，关键在于将帅领导得法、指挥正确。

［刚柔皆得，地之理也］:要使强者和弱者都能发挥作用，在于适当地利用地形，使我军处于有利的态势。

⑦［故善用兵者，携手若使一人，不得已也］:

善于用兵的人，能使全军携手作战像一个人一样，是因为他能造成使军队不得不服从的情势。

（八十七）善于用兵的人，能使部队像"率然"；"率然"是常山地方的蛇名。打它的头，尾就来救应，打它的尾，头就来救应，打它的腰，头尾都来救应。请问："可以使军队像'率然'一样吗？"回答说："可以。"吴国人和越国人是相互仇恨的，但当他们同舟渡河遇到大风时，他们互相救援就像一个人的左右手。因此缚住马匹，埋了车轮，企图防止兵卒的逃亡，也是靠不住的；要使部队一齐奋勇作战，在于将帅领导得法；要使强弱都能发挥作用，在于地形利用的适宜。所以善于用兵的人，能使全军手牵手地像一个人一样，这是因为使它不得不这样啊！

【校勘】

〔1〕击其中则首尾俱至：十家本、《武经》本"中"下无"身"字。竹简有"身"字，与文意无关，故记而不增。

〔2〕当其同舟而济，遇风：十家本、《武经》本有"遇风"二字。竹简无此二字，今仍留遇风二字。

（八十八）将军之事：静以幽，正以治。①（曹操曰：谓清净幽深平正。）能愚士卒之耳目，使之无知。②（曹操曰：愚，误也。民可与乐成，不可与虑始。）易其事，革其谋，使人无识；易其居，迁其途，使人不得虑。③帅与之期，如登高而去其梯；帅与之深入诸侯之地，而发其机，焚舟破釜[1]；若驱群羊，驱而往，驱而来，莫知所之。④（曹操曰：一其心也。）聚三军之众，投之于险，（曹操曰：险，难也。）此谓将军之事也。⑤九地之变，屈伸之利，人情之理，不可不察。⑥（曹操曰：人情见利而进，见害而退。）

【注释】

①［将军之事：静以幽，正以治］：静，镇静。幽，深邃。正，严正，公正。治，治理，有条理。原文"静以幽，正以治"是简练的对偶句。此句依原意译为：将军的处事，镇静以求深思，严正而有条理（这是力求保存一点原文的丰韵）。

②［能愚士卒之耳目，使之无知］：能愚士卒之耳目，就是作战意图，未行动前不让士卒们知道，这是为了保守军事机密，使他们对将要进行的军事行动事先毫无所知。这种保密工作古今中外都一样，决不能作欺骗士兵解释。

③［易其事，革其谋，使人无识］：易其事，即行动经常变化。革其谋，即计谋不断更新。这两句和下两句，都是精简的对偶，所以译文以忠于原文意思而尽量采用白话的对偶句，因此译为战法经常变化，计谋不断更新，使人们无法识破机关。

［易其居，迂其途，使人不得虑］：驻军常变换地方，进军多绕迂路，使人们推测不出意图。

④［帅与之期，如登高而去其梯］：主帅授给部属的任务，要像叫人登高后抽去梯子那样，使他们能进而不能退。

［帅与之深入诸侯之地，而发其机，焚舟破釜］：主帅率领军队深入诸侯国境内，要像拨弩机而射出箭矢一般，使他们可往而不可返，烧掉渡船，打破饭锅，以示决一死战。

［若驱群羊，驱而往，驱而来，莫知所之］：就像赶着羊群，赶过去，赶过来，大家只知道跟着走，不知道要到哪里去。

⑤[聚三军之众，投之于险，此谓将军之事也]：聚集全军的兵卒，投放在危险的境地，使他们不能不拼命作战，这就是将军的责任。

⑥[九地之变，屈伸之利，人情之理，不可不察]：进到各种不同地区的机变，能屈能伸地利用情况的发展，对各种人员心理的掌握，这些都是将帅不能不研究的。

【译文】

（八十八）将军的处事：镇静以求深思，严正而有条理。能蒙蔽士兵的耳目，使他们〔对于军事行动〕毫无所知。战法经常变化，计谋不断更新，使人们无法识破机关；驻军常换地方，进军多绕迂路，使人们推测不出意图。主帅授给军队任务，要像登高而抽去梯子一样〔使他们能进而不能退〕；率领军队深入诸侯国境，要像拨弩机而射出箭矢一般〔使他们可往而不可返〕。烧掉渡船，打破饭锅，像赶羊群，赶过去，赶过来〔让大家只知道跟着走〕，不知道要到哪里去。聚集全军兵卒，投放在危险的境地〔使他们不能不拼命作战〕，这就是将军的责任！进到各种不同地区的机变，能屈能伸地利用情况的发展，对各种人员心理的掌握，这些都是将帅不能不研究的。

【试笺】

此段言简意深，文字优美，实堪三读。"使人无识"和"若驱群羊"则是剥削阶级军事家难除的糟粕。

【校勘】

〔1〕而发其机，焚舟破釜：十家本"机"下有"焚舟破釜"，《武经》本、竹简无。今从十家本。

火車

（八十九）凡为客之道：深则专，浅则散。①去国越境而师者，"绝地"也；四达者，"衢地"也；入深者，"重地"也；入浅者，"轻地"也；背固前隘者，"围地"也；无所往者，"死地"也。②

【注释】

①［凡为客之道：深则专，浅则散］：进入敌国作战的规律是：进入得深，兵卒就专心一致，进入得浅，就容易逃散。

②［去国越境而师者，"绝地"也］：离开本国越境出兵的，就是进入了"绝地"。

［四达者，"衢地"也］：四通八达的叫做"衢地"。

［入深者，"重地"也］：进入敌境深远的，叫做"重地"。

［入浅者，"轻地"也］：进入敌境浅近的，叫做"轻地"。

［背固前隘者，"围地"也］：背后有坚固的城堡而前面进路狭隘的，叫做"围地"。前进困难，后退受阻，易被包围，所以叫它"围地"。

［无所往者，"死地"也］：无处可走的，叫做"死地"。　本段提出五种地区的略说，除"绝地"见于《九变篇》五十九段外，其余均在八十三段和九十段论述之内，不过说法文字略有不同。所以这里不作重复的注解。

【译文】

（八十九）进入敌国作战的规律是：进入得深，兵卒就专心一致，进入得浅，就容易逃散。离开本国越境出兵的，就是进入了"绝地"；四通八达的叫做"衢地"；进入深的，叫做"重地"；进入浅的，叫做"轻地"；背后有坚固的城堡而前面进路狭隘的，叫做"围地"；无处可走的，叫做"死地"。

（九十）是故“散地”，吾将一其志；“轻地”，吾将使之属；（曹操曰：使相及属。）“争地”，吾将趋其后；（曹操曰：利地在前，当速进其后也。）“交地”，吾将谨其守；“衢地”，吾将固其结；“重地”，吾将继其食；（曹操曰：掠彼也。）“氾地”，吾将进其涂；（曹操曰：疾过去也。）“围地”，吾将塞其阙；（曹操曰：以一士心也。）“死地”，吾将示之以不活。[①]（曹操曰：励志也。）

【注释】

①［是故“散地”，吾将一其志］：这里孙子根据出国远近，地形情况，把战地分为九种情况。对每种不同的情况提出了不同的战略行动方针。在本篇第一段（即八十三段）诸侯自战其地为散地（这只是说明古代的非正义战争）。这里说“吾将一其志”，即要使官吏士卒专心一致。

［“轻地”，吾将使之属］：八十三段讲入人之地不深，离家不远，士卒仍易逃亡，所以叫做轻地。这里是说在“轻地”，就要部署连续。

［"争地"，吾将趋其后］：我得则利，彼得亦利者为"争地"。这里说过争地就要急进，抄到敌人的后面。曹注："利地在前，当速进其后也。"

［"交地"，吾将谨其守］：前面说过，我可以往，彼可以来者为"交地"。这里指出逢交地就要严密警戒，坚壁慎守。

［"衢地"，吾将固其结］：前面讲诸侯之地三属，先至而得天下之众者，为"衢地"。这里讲到衢地就要加强同邻国的结交。

［"重地"，吾将继其食］：前面说过，入人之地深，背城邑多为重地。这里讲进入重地就要注意给养补充。曹注："掠彼也。"

［"氾地"，吾将进其涂］：前面讲过氾地包括山林、险阻、沮泽，凡难行之道者，为"氾地"。这里讲经过氾地就要赶快通过。

［"围地"，吾将塞其阙］：前面讲过，所由入者隘，所从归者迂，彼寡可以击吾之众者，为"围地"。这里讲陷入围地索性把缺口堵塞。使士卒看到无路可走，只有拼命。

［"死地"，吾将示之以不活］：到了死地，就要告诉部队只有拼死战斗，才能死里求生。

【译文】

（九十）因此，在"散地"上，就要使军队专心一致；在"轻地"上，就要部署连续；遇"争地"，就要急进，抄到敌军的后面；逢"交地"，就要谨慎防守；到"衢地"，就要巩固和邻国的结交；入"重地"，就要补充军粮；经"氾地"，就要迅速通过；陷入"围地"，就要堵塞缺口；到了"死地"，就要表示拼死战斗的决心。

（九十一）故兵之情：围则御，（曹操曰：相持御也。）不得已则斗，（曹操曰：势有不得已也。）过则从。①（曹操曰：陷之甚过，则从计也。）

【注释】

①［故兵之情］：兵卒的心理。

［围则御］：被包围就会抵抗。

［不得已则斗］：迫不得已就会奋勇战斗。

［过则从］：深陷于十分危险的境地，就会容易指挥。曹注："陷之过甚，则从计也。"

【译文】

（九十一）兵卒的心理，被包围就会抵抗，迫不得已就会战斗，陷于十分危险的境地就会听从指挥。

蒺
梨
火
毬

引
火
毬

（九十二）是故不知诸侯之谋者，不能预交；不知山林、险阻、沮泽之形者，不能行军；不用乡导者，不能得地利。①（曹操曰：上已陈此三事，而复云者，力恶不能用兵，故复言之。）四五者，不知一[1]，（曹操曰：谓九地之利害。或曰：上四五事也。）非霸、王之兵也[2]。②（曹操曰：霸者，不结成天下诸侯之权也。绝天下之交，夺天下之权，故己威得伸而自私。）夫霸、王之兵，伐大国，则其众不得聚；威加于敌，则其交不得合。③是故不争天下之交，不养天下之权，信己之私，威加于敌，故其城可拔，其国可隳[3]。④施无法之赏，悬无政之令，犯三军之众，若使一人。⑤（曹操曰：犯，用也。言明赏罚，虽用众，若使一人也。）犯之以事，勿告以言；犯之以利，勿告以害。⑥（曹操曰：勿使知害。）

① 本段前六短句和五十一段相同，或认为错简。按曹注则是有意重复言之。

② ［四五者，不知一］：四五者，系指以上所说这几件大事。不知一，有一件不知道都不行。有人认为"四五者"应是"此三者"，不妥。因限于三事，"四五者"则包括宽些，上面所述的战略原则，都要求要了解。校《孙子》如无必要的根据，似不宜改《孙子》原文。

［非霸、王之兵也］：霸，称霸诸侯，成为诸侯之长；这里指能号召调遣诸侯的强国。王，能号令天下的称为王；这里指诸侯所共奉的最高统治者。

③ ［夫霸、王之兵，伐大国，则其众不得聚］：凡是霸、王的军队，进攻大国就能使敌方的民众来不及动员集中。

［威加于敌，则其交不得合］：以最大威力压服敌人，就能使各国不敢和它建交。

④ ［是故不争天下之交］：因此，不必要争着同哪一国结交。

［不养天下之权］：不要随便培植哪一国的势力。

［信己之私］：信，通"伸"。只要施展自己的意图。

［威加于敌］：把强大的威力强迫压在敌人头上。

［故其城可拔，其国可隳］：国，诸侯的国都，亦可作国家解。隳（huī灰），同"毁"，毁坏，毁灭。这样就可以攻占敌人的城堡，毁灭敌人的国家。

⑤［施无法之赏］：施行超越法定的奖赏。

［悬无政之令］：颁布打破常规的号令。

［犯三军之众，若使一人］：驱使全军兵众就像指使一个人一般。

⑥［犯之以事，勿告以言］：叫他们去执行任务，不必说明为什么。

［犯之以利，勿告以害］：叫他们去夺利，不告诉他们有什么危险。这是新兴地主阶级对奴隶和农奴的关系的反映。

【译文】

（九十二）不了解诸侯国计谋的，就不能预定外交方针；不熟悉山岭、森林、险要、阻塞、水网、湖沼等地理形势的，就不能行军；不重用向导的，就不能得地利。这几方面，有一方面不了解，都不能成为霸、王的军队。凡是霸、王的军队，进攻大国就能使敌方的民众和军队来不及动员集中；威力加在敌人头上，就能使它不能同别国结交。因此不必要争着同哪一国结交，不必要随便培养哪一国的势力，只要伸展自己的意图，把威力加在敌人头上，就可以拔取敌人的城堡，毁灭敌人的国都。施行超越法定的奖赏，颁布打破常规的号令，驱使全军兵众就像指使一个人一般。叫他们去执行任务，不必说明为什么；叫他们去夺利，不告诉他们有危险。

【校勘】

〔1〕不知一：《武经》本、竹简作"一不知"。两种版本，其意实属一致，即上述这几方面有一方面情况不了解，都不是霸、王的军队，所以照十家注不改。

〔2〕非霸、王之兵也：十家本、《武经》本作"霸、王"，竹简作"王、霸"。

〔3〕故其城可拔，其国可隳：竹简作"故其国可拔，其城可隳"，疑抄错，未从。

（九十三）投之亡地然后存，陷之死地然后生。①夫众陷于害，然后能为胜败。②（曹操曰：必殊死战，在亡地无败者。孙膑曰："兵恐不投之死地也。"）

【注释】

①［投之亡地然后存，陷之死地然后生］：把军队投放在亡地上，然后能保存，把兵卒驱逐进死地，反而才能得生。

②［夫众陷于害，然后能为胜败］：意即使兵众陷入危险的境地，然后能操纵胜败（按：这是剥削阶级进行不义战的理论）。

【译文】

（九十三）把军队投放在"亡地"上，然后能保存；把兵卒陷入于"死地"，反而能得生。兵众陷入危险的境地，然后才能操纵胜败。

（九十四）故为兵之事，在于顺详敌之意，并敌一向，千里杀将，（曹操曰：并兵向敌，虽千里能擒其将也。）此谓巧能成事者也。①（曹操曰：是成事巧者也。一作"是谓巧攻成事"。）

【注释】

①［故为兵之事］：指挥作战的事。

［在于顺详敌之意］：顺，就是谨慎；《易》："履霜坚冰至，盖言顺也。"《释文》："顺，本作慎。"详，即审查；《易·大壮》："不详也。"《释文》："详，审也。"《诗·鄘风·墙有茨》："中冓之言，不可详也。"《传》："详，审也。"意思是从事作战指挥，在于谨慎地检查研究敌人的意图。另据十家注曹操、李筌、杜牧、陈暤、梅尧臣、张预等六人的注，文字虽略有不同，但大意都是作：详顺敌之意解。以顺为慎一说考之有据，言之有理，应从前说。曹、李等人的注或系一时忽于考察，故未从。

［并敌一向］：集中兵力朝一个方向进攻。

［千里杀将］：长驱千里，杀其将领。

［此谓巧能成事者也］：这就是所谓巧妙、能成

大事。

（九十四）指挥作战的事，在于假装顺从敌人的意图，却集中兵力，朝一个方向进攻，长驱千里，杀其将领，这就是所谓巧妙能成大事呀！

（九十五）是故政举之日，夷关折符，无通其使；（曹操曰：谋定，则闭关以绝其符信，勿通其使。）厉于廊庙之上，以诛其事。①（曹操曰：诛，治也。）敌人开阖[1]，必亟入之。②（曹操曰：敌有间隙，当急入之也。）先其所爱，（曹操曰：据利便也。）微与之期。③（曹操曰：后人发，先人至。）践墨随敌，以决战事。④（曹操曰：行践规矩无常也。）是故始如处女，敌人开户，后如脱兔，敌不及拒。⑤（曹操曰：处女示弱，脱兔往疾也。）

【注释】

①［是故政举之日，夷关折符，无通其使］：夷关，即封锁关口。折符，即销毁通行符志。"夷关折符"，是说封锁关口，销毁通行符志以断绝交通，不使边境双方居民来往。全句意为：当决定战争行动的时候，就要封锁关口，销毁通行符证，不许敌国使者来往。这是为了封锁消息，保守军事行动的秘密。

［厉于廊庙之上，以诛其事］：厉，有严厉，严

格，切实，认真等意思。诛，即治；这里指商议决定。此句意即在廊庙之上，认真研究开战后的事情。

②［敌人开阖，必亟入之］：阖，即门扇。敌人开阖，指敌人一露间隙，当急速乘隙而入。曹注："敌有间隙，当亟入之也。"

③［先其所爱，微与之期］：是说夺先占领或夺取敌人最心疼的战略要地，不要和敌人约定期间会战。

④［践墨随敌，以决战事］：践，践履，实践。墨，木工的墨线、绳墨，有规矩和原则的意思。在战时，践履绳墨也可以作实施作战计划解释。按此句上文为"厉于廊庙之上……"下文为"后如脱兔……"因此，这中间似应指实现作战计划的原则，即：情况不变时，或只有细小变化时要坚持按计划行动；情况变化较大时，要根据情况变化而相应地修改计划；情况发生根本变化时，才依据情况改变作战决心。曹注："行践规矩，无常也。"在十家注中，"践墨随敌"别有解释。践，古通"残"。"践墨随敌"，即划除绳墨，也就是摆脱规矩和军事学上原则的规定，随着敌情的变化而随机应变。这两种解释：一说"践履绳墨"，一说"划除绳墨"，

其对"……随敌，以决战事"的基本思想，则是一致的。《新笺》作者对此也有它独特的见解。据说："'践墨随敌'非如一般注家所说，乃默履敌后之意。"这真是非一般注家所能说！所引例证，为《史记·商君列传》和《汉书·田蚡传》，要求春秋战国间的孙子能预先知道他后面几百年汉人对"墨"字的用法。这不是太奇怪了吗？如果再细看《孙子》上下文，则在"必亟入之"和"后如脱兔"之间如何能插进"默履敌后"呢？用汉人的《史记》和《汉书》来校对《孙子》，这是什么样的研究方法？这真可谓之新奇的"新笺"。作者目空一切批评古来一切注家，独无自知之明，惜哉。

⑤ [是故始如处女，敌人开户，后如脱兔，敌不及拒]：即开始时要像处女那样安静地处于深闺之中，不露面目。发现敌人有空隙（弱点）时，就要像脱兔那样迅速，使敌人不及抵御。

【译文】

（九十五）当决定战争行动的时候，就要封锁关口，销毁通行符证，不许敌国使者往来；在宗庙里秘密地、认真地谋划这件大事。敌人一有空隙，就要迅速乘机而入。先夺取敌人的要地，不要同敌方约期会战。实施作战计划时，要灵活地随着敌情的变化〔作相应的修改〕，来决定军事行动。因此开始像处女〔一般沉静〕，使敌人不注意防备，然后像脱兔〔一样突然行动〕，使敌人来不及抵抗。

【试笺】

在本篇中《孙子》指出：“兵之情主速，乘人之不及，由不虞之道，攻其所不戒也。”这是野战中乘虚袭敌的原则。“并气积力，运兵计谋”也有普遍规律的因素。八十八段“将军之事，静以幽，正以治，……易其事，革其谋，使人无识；易其居，迁其途，使人不得虑”。言简意深，文字优美。但“愚士卒之耳目，……若驱群羊……”则表现剥削阶级的将军照例不敢把为什么打仗告诉士卒，“告之以言，告之以害”的事是不会有的。

【校勘】

〔1〕敌人开阖：竹简作“阗”，查了几种词典，所注音义，都各不同，字僻难懂，所以仍用十家注，不从竹简，然志之以备查考。

火攻篇 第十二

曹操曰：以火攻人，当择时日也。

【题解】

　　本篇简单地指出火攻对象、火攻器具、火攻时日及火攻与内应外合。因为在《孙子》成书之前，很少大规模火攻的经验（在中国古代史上有名的火攻都出在三国，一是赤壁之战，二是彝陵之战）所以《孙子》书中也总结不出什么。篇末以"亡国不可以复存，死者不可以复生"，警告明君良将。这是孙子又一慎战的表现。

（九十六）孙子曰：凡火攻有五：一曰火人，二曰火积，三曰火辎，四曰火库，五曰火队。^①行火必有因，（曹操曰：因奸人。）烟火必素具。^②（曹操曰：烟火，烧具也。）发火有时，起火有日。^③时者，天之燥也；（曹操曰：燥者，旱也。）日者，月在箕、壁、翼、轸也。^④凡此四宿者，风起之日也。^⑤

【注释】

①［凡火攻有五］：火攻的对象可分为五种。

［一曰火人］：这里指火烧敌人营寨，烧杀敌军兵卒。火，用作动词，烧。下同。

［二曰火积］：火烧敌人器材、粮食、饲料。

［三曰火辎，四曰火库］：火烧敌辎重库室。杜牧注："器械财货及军士衣装，在车中上道未止曰辎，在城营垒已有止舍曰库。"

　　［五曰火队］：十家注中有三说：李筌、梅尧臣、张预皆说焚其队仗兵器；杜牧谓"焚其行伍，因乱而击之"；贾林、何氏谓"烧绝粮道及转运也"。或谓"队"字疑为"檥"字之假借，檥者江中大船也。火檥者，谓火敌之船也。队（suì 岁），通"遂"；这里指敌人运输线。一作队仗兵器。檥字之说，可供参考。

　　②［行火必有因］：火攻必须有条件，或说必须有内应。

　　［烟火必素具］：火攻器材必须经常准备着。

　　③［发火有时，起火有日］：放火要看天时，起火要看日子。

　　④［时者，天之燥也］：所谓天时，是指季候的干燥。

　　［日者，月在箕、壁、翼、轸也］：箕、壁、翼、轸，都是星名。中国古代测天都用二十八宿为方位的标准。据天文学家们的考证，二十八宿的名称是到汉代才逐渐完备的。但在孙子时代有些星宿早已被人们注意和利用了。二十八宿都在赤道附近，被天文学

家们用作天空的标志。它们的名称是：角、亢、氐、房、心、尾、箕、斗、牛、女、虚、危、室、壁、奎、娄、胃、昴、毕、觜、参、井、鬼、柳、星、张、翼、轸。古人间接参酌月亮在空中的位置（所以叫"宿"），来推测太阳的位置。由太阳在二十八宿的位置来推知一年的季节。其实这只是在历法方面的事，同气象（风雨）是没有关系或没有直接关系的。不过当时的天文学家都认为月亮行经箕、壁、翼、轸四个星宿时多风。他们说四星好风，月宿在此时必多风。《洪范》载有"星有好风，星有好雨"。西方也有类似的传说，如巴比伦就以"轸"星为风星。

⑤［凡此四宿者，风起之日也］：月亮经过四宿的日子，就是有风的日子。

【译文】

（九十六）孙子说：火攻有五种：一是火烧营寨，二是火攻积聚，三是火烧辎重，四是火烧仓库，五是火烧粮道。实施火攻必须有条件，火攻器材必须经常准备着。放火要看天时，起火要看日子。天时是指季候的干燥；日子是指月亮行经"箕"、"壁"、"翼"、"轸"四星宿的位置，月亮经过四星宿的日子，就是有风的日子。

火兵

（九十七）凡火攻，必因五火之变而应之。^①（曹操曰：以兵应之也。）火发于内，则早应之于外。^②火发而其兵静者，待而勿攻，极其火力，可从而从之，不可从而止。^③（曹操曰：见可而进，知难而退。）火可发于外，无待于内，以时发之。^④火发上风，无攻下风。^⑤（曹操曰：不便也。）昼风久，夜风止。^⑥（曹操曰：数当然也。）凡军必知有五火之变，以数守之。^⑦

【注释】
①［凡火攻，必因五火之变而应之］：凡用火攻，必须凭借这五种火攻的变化使用，并用兵力配合它。
②［火发于内，则早应之于外］：从敌人内部放火，就要及时派兵从外部策应。
③［火发而其兵静者］：火烧起来而敌兵镇静不哗，这表明敌先有准备。
［待而勿攻］：意为应等待一下，不可马上发起攻击。

（九十七）凡火攻，必因五火之变而应之。[①]（曹操曰：以兵应之也。）火发于内，则早应之于外。[②]火发而其兵静者，待而勿攻，极其火力，可从而从之，不可从而止。[③]（曹操曰：见可而进，知难而退。）火可发于外，无待于内，以时发之。[④]火发上风，无攻下风。[⑤]（曹操曰：不便也。）昼风久，夜风止。[⑥]（曹操曰：数当然也。）凡军必知有五火之变，以数守之。[⑦]

【注释】
①［凡火攻，必因五火之变而应之］：凡用火攻，必须凭借这五种火攻的变化使用，并用兵力配合它。
②［火发于内，则早应之于外］：从敌人内部放火，就要及时派兵从外部策应。
③［火发而其兵静者］：火烧起来而敌兵镇静不哗，这表明敌先有准备。
［待而勿攻］：意为应等待一下，不可马上发起攻击。

［极其火力］：加强火势。

［可从而从之］：谓能趁机进攻就进攻。

［不可从而止］：不宜进攻就应停止。

④［火可发于外，无待于内，以时发之］：如果可从外面放火，便不必等待内应，只要适时放火就行。

⑤［火发上风，无攻下风］：火在上风放，不可从下风进攻。

⑥［昼风久，夜风止］：十家注中曹、李、杜、梅、张都认为"昼风必夜止"，"数当然也"。从现代气象学看：孙子上述命题和十家注诸家注解都不是科学的结论。

⑦［凡军必知有五火之变，以数守之］：军队必须懂得灵活地运用五种火攻的方法，并根据观察，有起风的征候时使用它。

【译文】

（九十七）凡用火攻，必须凭借这五种火攻的变化使用并用兵力配合它。从敌人内部放火，就要及时派兵从外部策应。火已烧起而敌军仍然保持安静的，应等待一下，不可马上发起攻击，应加猛火势，如果可以进攻就进攻，不可进攻就停止。如果从外面放火，就不必等待内应，只要适时放火就行。火在上风放，不可从下风进攻。白天风刮久了，夜晚就容易停止。军队必须懂得灵活地运用五种火攻的方法，并根据观察有起风的征候时使用它。

（九十八）故以火佐攻者明，以水佐攻者强。[1]水可以绝，不可以夺。[2]（曹操曰：火佐者，取胜明也。水佐者，但可以绝敌道，分敌军，不可以夺敌蓄积。）

【注释】

①［故以火佐攻者明］：用火辅助进攻的，明显地可以取胜。

［以水佐攻者强］：用水辅助进攻的，攻势可以加强。

②［水可以绝，不可以夺］：水可以断绝敌军，但不能夺取积蓄。

【译文】

（九十八）用火辅助进攻的，明显地容易取胜；用水辅助进攻的，攻势可以加强。水可以断绝敌军，但不能夺取积蓄。

（九十九）夫战胜攻取，而不修其功者凶，命曰"费留"。^①（曹操曰：若水之留，不复还也。或曰：赏不以时，但费留也，赏善不逾日也。）故曰：明主虑之，良将修之。^②非利不动，非得不用，非危不战。^③（曹操曰：不得已而用兵。）主不可以怒而兴师^[1]，将不可以愠而致战；合于利而动^[2]，不合于利而止。^④怒可以复喜，愠可以复悦；亡国不可以复存，死者不可以复生。^⑤故明君慎之，良将警之；此安国全军之道也。^⑥（曹操曰：不得以己之喜怒而用兵也。）

【注释】

① ［夫战胜攻取］：指打了胜仗，夺取了城邑。

［而不修其功者凶］：可作不去整治政治，重赏有功解。此句用今天的话，叫作打了胜仗，夺取了城市，而达不到战略目的的凶。如吴师伐楚，五战五胜，直捣郢都，但不能达到灭亡楚国的目的。结果吴军在楚拖了三年，不得不退，最后是自己

失败。

[命曰"费留"]：这句真意，十家注多未明言。李筌注："赏不逾日，罚不逾时……"从字面看，战胜攻取而不修其功，似有枉自耗费国家的兵力、财力、使军队久留在外之意。近阅《〈孙子〉字义探微八则》（下略作《探微》）谓："'费留'乃费财留工、烦人留日等古语的简称或缩写……孙子所谓'费留'者，乃'费旷'之谓也。"可供参考。

②[故曰：明主虑之，良将修之]：所以说：明智的国君要慎重考虑这件事，良好的将帅要认真研究这件事。

③[非利不动]：不是有利不行动。

[非得不用]：不是有胜利把握不用兵。

[非危不战]：不是危迫不得已不作战。

④[主不可以怒而兴师，将不可以愠而致战]：国君不可因愤怒而发动战争，将帅不可因气愤而出阵求战。

[合于利而动，不合于利而止]：对国家有利才行动，对国家不利就停止。

⑤[怒可以复喜，愠可以复悦]：愤怒可以恢复到喜欢，气愤可以恢复到高兴。

[亡国不可以复存，死者不可以复生]：国亡了

就不能复存，人死了就不能再生。

⑥〔故明君慎之，良将警之〕：所以明智的国君对此要慎重，良好的将帅对此要警惕。

〔此安国全军之道也〕：这是安定国家和保全军队的关键！

【译文】

（九十九）凡打了胜仗，夺取了土地城邑，而不能达到战略目的的会遭殃，这叫做"费留"。所以说：明智的国君要慎重地考虑这件事，良好的将帅要认真地研究这件事。不是有利不行动，不是能胜不用兵，不是危迫不作战。国君不可因愤怒而发动战争，将帅不可因气愤而出阵求战。对国家有利才行动，对国家不利就停止。愤怒可以恢复到喜欢，气愤可以恢复到高兴；国亡了就不能复存，人死了就不能再生。所以明智的国君〔对此〕要慎重，良好的将帅〔对此〕要警惕；这是安定国家和保全军队的关键！

【校勘】

〔1〕主不可以怒而兴师：十家本、《武经》本

于"兴"字下作"师"字，竹简作"军"字。今从前者。

〔2〕合于利而动：十家本、《武经》本"而"字下作"动"字。竹简"动"字作"用"字，未从。

火牛

用间篇 第十三

曹操曰：战者必用间谍，以知敌之情实也。

【题解】

　　本篇首先着重论述了解敌人内部情况之重要，但因当时间谍才开始出现，尚欠经验教训。所以只能提出用间的重要性和五种间谍的名称，保密的纪律，间谍的任务和使用反间之重要。最后谈殷之用伊尹，周之用吕尚为例，其实两人都不过是普通的老百姓，不担任任何官职，因而也不了解统治阶级内部的情况，是不恰当的举例。

（一○○）孙子曰：凡兴师十万，出征千里，百姓之费，公家之奉，日费千金。[①]内外骚动，怠于道路，不得操事者，七十万家。[②]（曹操曰：古者八家为邻，一家从军，七家奉之，言十万之师举，不事耕稼者七十万家。）相守数年，以争一日之胜，而爱爵禄百金，不知敌之情者，不仁之至也，非人之将也[1]，非主之佐也，非胜之主也。[③]故明君贤将，所以动而胜人，成功出于众者，先知也。[④]先知者不可取于鬼神，（曹操曰：不可以祷祀而求，亦不可以事类而求也。）不可象于事，不可验于度，（曹操曰：不可以事数度也。）必取于人，知敌之情者也。[⑤]（曹操曰：因人也。）

①［凡兴师十万，出征千里，百姓之费，公家之奉，日费千金］：千金是极言其多也。这里从动员之众、费用之多讲起，以说明不了解敌情者之罪过，这里指出凡是兴兵十万，出征千里，百姓的耗费，公室的开支，每天要花费千金。

②［内外骚动］：全国内外动乱不安。

［怠于道路］：运输军需物资的疲惫于道路上。

［不得操事者］：指因而不能耕作的。

［七十万家］：曹注："古者八家为邻，一家从军，七家奉之。言十万之师举，不事耕稼者七十万家。"

③［相守数年，以争一日之胜］：这样地相持几年，只为了争取一朝的胜利。

［而爱爵禄百金，不知敌之情者，不仁之至也，非人之将也，非主之佐也，非胜之主也］：如果吝惜爵禄和金钱，以至不能了解敌情，那就是最不仁慈的人，就不是负责的将领，就不是国君的辅佐，就不是胜利的主帅。

④［故明君贤将，所以动而胜人，成功出于众者，先知也］：开明的国君、贤良的将帅，其所以能动辄战胜敌人，成功地超出众人者，就因为事先

了解情况。

⑤〔先知者不可取于鬼神，不可象于事，不可验于度〕：这里指出要做到事先了解情况有三不可。一、不可取于鬼神，反对迷信；二、不可象于事，即不可对事物进行机械类比推测（曹注："不可以事类而求之。"如占卦以《易经》的往事作类比）；三、不可验于度，不可验证于天象星宿运转的"度"。这三不可就是反对迷信鬼神，反对用旧经作类比推理的经验主义，也反对用仰观星辰的做法，主张从知敌情的人的口中去取得。《新笺》认为此"度"盖即《形篇》"兵法，一曰度"之"度"。这与《孙子》讲的"不可验于度"的"度"完全是两回事，《新笺》的作者又笺错了。

〔必取于人，知敌之情者也〕：指一定要从知道敌人情况的活人口中去取得。

【译文】

（一〇〇）孙子说：凡是兴兵十万，出征千里，"百姓"的耗费，"公室"的开支，每天要花费"千金"；全国内外动乱不安，〔运输军需物资的队伍〕疲惫于道路上，因而不能耕作的将有七十万家。这样相持几年，只为了争一朝胜利，如果吝惜爵禄和金钱〔不重用间谍〕，以致不能了解敌情〔而致失败〕，那就是最不仁慈的人，就不是良好的将领，就不是国君的辅佐，就不是胜利的主帅。开明的国君、贤良的将帅，其所以动辄战胜敌人，成功地超出众人者，就在于事先了解情况。要事先了解情况，不可用祈求鬼神去获取，不可用相似的事情做类比推测〔吉凶〕，不可用夜视星辰运行的度数去验证，一定要从知道敌人情况的人口中去取得。

【校勘】

〔1〕非人之将也：十家本、《武经》本"非"下作"人"字。竹简"人"作"民"字，未从。

宵甲

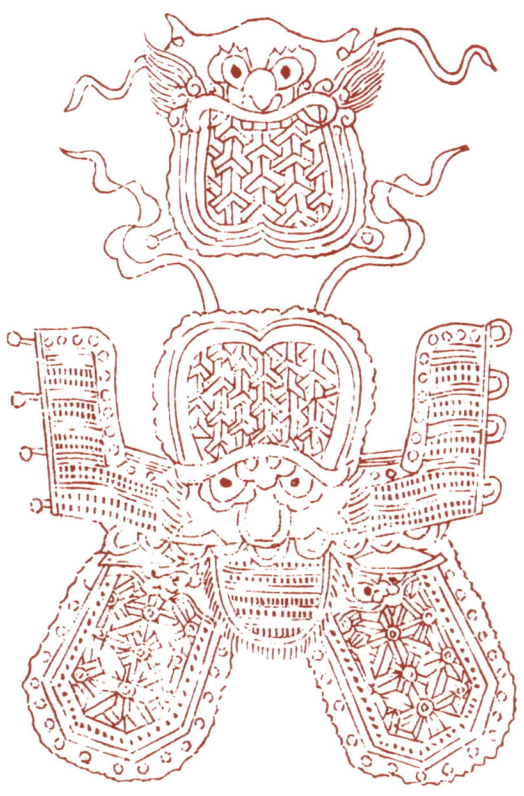

身甲

（一〇一）故用间有五：有因间、有内间、有反间、有死间、有生间。^①五间俱起，（曹操曰：同时任用五间也。）莫知其道，是谓神纪，人君之宝也。^②因间者，因其乡人而用之。^③内间者，因其官人而用之。^④反间者，因其敌间而用之。^⑤死间者，为诳事于外，令吾间知之，而传于敌间也。^⑥生间者，反报也。^⑦

【注释】

①［故用间有五：有因间，有内间、有反间、有死间、有生间］：使用间谍有五种：有因间、内间、反间、死间、生间。

②［五间俱起，莫知其道，是谓神纪，人君之宝也］：神纪，神妙的道理。纪，道、理。是说五种间谍同时都使用起来，使敌人莫测高深，这是神妙的道理，是国君的法宝。

③［因间者，因其乡人而用之］：乡人，春秋战国时的地方官乡大夫的略称。齐称"乡良人"；宋称"乡正"。据《周礼·乡大夫》载，乡大夫是在

"司徒"与"乡吏"之间。意思是说：所谓因间，是诱使敌方乡人而利用他。

④［内间者，因其官人而用之］：官人，"官"字乃"馆"字的古文，而"馆"字即"舍"字。《尔雅》："馆，舍也。"官人即舍人。意思是说：所谓内间，是诱使敌方官吏而利用他。

⑤［反间者，因其敌间而用之］：所谓反间，是诱使敌方间谍为我所用。

⑥［死间者，为诳事于外，令吾间知之，而传于敌间也］：诳，欺骗、迷惑。传递假情报使敌人信以为真，这样使敌军上当，但敌人事后将因受欺骗而处死我之间谍，所以叫做死间。楚汉战争中，刘邦派遣郦食其说齐王降，齐王不作准备，被韩信袭破，齐王怒极，烹了郦食其。但《孙子》之前未闻有此史例。

⑦［生间者，反报也］：所谓生间，就是能活着回报敌情的。

【译文】

（一〇一）使用间谍有五种：有"因间"、"内间"、"反间"、"死间"、"生间"。五种间谍同时都使用起来，使敌人莫测高深，这是神妙的道理，是国君的法宝。所谓"因间"，是诱使敌方乡人而利用他。所谓"内间"，是诱使敌方官吏而利用他。所谓"反间"，是诱使敌方间谍为我所用。所谓"死间"，是先散布假情况，使我方间谍知道，然后传给敌方〔敌军受骗，我间不免被处死〕。所谓"生间"，就是能活着回报敌情的。

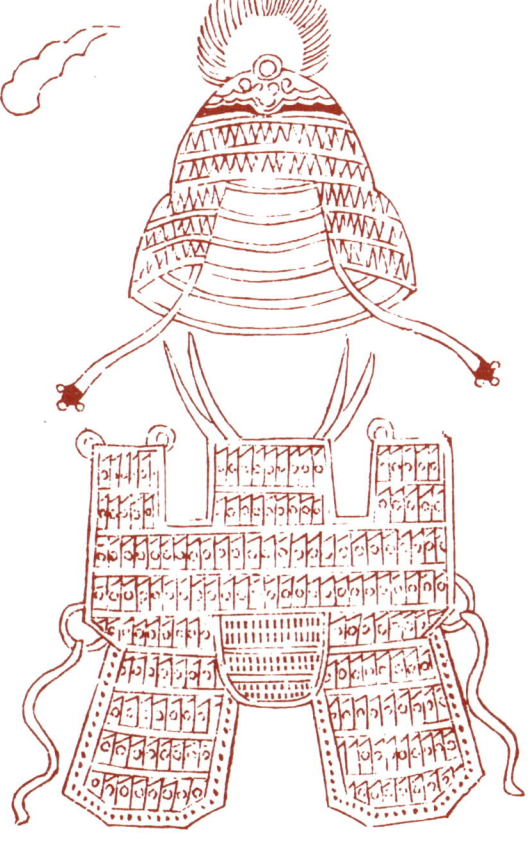

頭鍪頓項

身甲

（一○二）故三军之事[1]，莫亲于间，赏莫厚于间，事莫密于间。①非圣智不能用间，非仁义不能使间，非微妙不能得间之实。②微哉！微哉！无所不用间也。③间事未发，而先闻者，间与所告者皆死。④

【注释】

①［故三军之事，莫亲于间，赏莫厚于间，事莫密于间］：在军队人事中，没有比间谍更亲信的，奖赏没有比间谍更优厚的，事情没有比间谍更秘密的。

②［非圣智不能用间］：不是高明智慧，不会利用间谍。

［非仁义不能使间］：不是仁慈慷慨，不能指使间谍。

［非微妙不能得间之实］：不是用心巧妙，不能取得间谍的真实情报。

③［微哉！微哉！无所不用间也］：微妙呀！微妙呀！无所不可以用间谍啊！

④［间事未发，而先闻者，间与所告者皆死］：

间谍的任务尚未完成，如果事先告诉别人，那么间谍和他所告诉的人都要处死。

（一〇二）所以在军队人事中，没有比间谍更亲信的，奖赏没有比间谍更优厚的，事情没有比间谍更秘密的。不是高明智慧，不能利用间谍；不是仁慈慷慨，不能指使间谍；不是用心微妙，不能取得间谍的真实情报。微妙呀！微妙呀！无所不可以用间谍啊！间谍的工作尚未进行，先已传泄在外，那么间谍和听到〔秘密〕的人都要处死。

【校勘】

〔1〕故三军之事：十家本、《武经》本于"之"下作"事"。竹简"事"作"亲"；未从。

（一〇三）凡军之所欲击，城之所欲攻，人之所欲杀，必先知其守将、左右、谒者、门者、舍人之姓名，令吾间必索知之。①

【注释】

①［凡军之所欲击］：凡是对要打的敌方军队。

［城之所欲攻］：要攻的敌方城堡。

［人之所欲杀］：要杀的敌方官员。

［必先知其守将、左右、谒者、门者、舍人之姓名，令吾间必索知之］：必须先打听那些守城将官、左右亲信、掌管传达通报的官员、守门官吏和宫中近侍官员等的姓名，使我们的间谍一定要侦察清楚。

【译文】

（一〇三）凡对要打的敌方军队，要攻的敌方城堡，要杀的敌方官员，必须先打听那些守城将官、左右亲信、掌管传达通报的官员、守门官吏和宫中近侍官员等的姓名，使我们的间谍一定要侦察清楚。

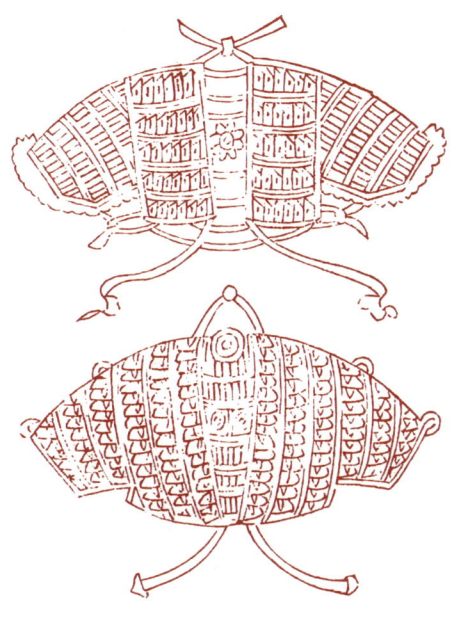

披膊

（一〇四）必索敌人之间来间我者，因而利之，导而舍之，（曹操曰：舍，居止也。）故反间可得而用也。①因是而知之，故乡间、内间可得而使也；因是而知之，故死间为诳事可使告敌；因是而知之，故生间可使如期。②五间之事，主必知之，知之必在于反间，故反间不可不厚也。③

【注释】

①［必索敌人之间来间我者，因而利之，导而舍之，故反间可得而用也］：必须搜索出前来侦察我军的敌方间谍，要用重利收买他，优厚款待，然后给予任务，放他回去，这样反间就可以为我所用了。

②［因是而知之，故乡间、内间可得而使也］：由此而了解情况，这样乡间、内间就可以为我所用了。

［因是而知之，故死间为诳事可使告敌］：由此而了解情况，这样就能使死间传假情报给敌人。

［因是而知之，故生间可使如期］：由此而了解情况，这样就可使生间按预定时间汇报敌情。

③［五间之事，主必知之］：五种间谍的使用，主持者都必须懂得。

［知之必在于反间，故反间不可不厚也］：了解情况最主要的在于反间，所以对反间是不可不厚待的。

【译文】

（一〇四）必须搜索出前来侦察我军的敌方间谍，要用重金收买，优礼款待，诱导安置，使为我用，这样"反间"就可以为我所用了。由此而了解情况，这样"乡间"、"内间"就可以为我所用了；由此而了解情况，这样就能使"死间"传假情报给敌人；由此而了解情况，这样就可使"生间"按预定时间回报敌情。五种间谍的使用主持者都必须懂得。了解情况最主要的在于"反间"，所以对"反间"是不可不厚待的。

（一〇五）昔殷之兴也，伊挚在夏；（曹操曰：伊挚，伊尹也。）周之兴也，吕牙在殷^[1]。①（曹操曰：吕牙，太公也。）故惟明君贤将能以上智为间者，必成大功。②此兵之要，三军之所恃而动也。③

【注释】

①［昔殷之兴也，伊挚在夏］：伊挚即伊尹，传说奴隶出身，了解夏朝的情况。商汤用他为相，打败了夏桀。史载伊尹耕于有莘之野，他所了解的不过是夏的一般人民知道的情况，古代也并无间谍的专门训练。据说伊尹相商汤，贤而王天下。

［周之兴也，吕牙在殷］：吕牙，即吕尚，又叫姜尚，姜姓，吕氏，名望，字子牙，钓于渭水之滨，也不过一般地了解殷商的情况。周文王以他为"师"，后来辅助武王灭商，封于齐。

②［故惟明君贤将能以上智为间者，必成大功］：所以明智的国君，贤能的将帅，能用高级的有智慧的人做间谍的，一定能建树大功。

③［此兵之要，三军之所恃而动也］：这是用兵重要的一着，整个军队所依靠来决定行动的呀！

（一〇五）从前商朝的兴起，伊尹曾经在夏；周朝的兴起，姜尚曾经在殷。所以明智的国君，贤能的将帅，能用高级的有智慧的人做间谍的，一定能建树大功。这是用兵重要的一着，整个军队是要依靠它来决定行动的呀！

【试笺】

用间的战例见于春秋之前者似不多（秦师袭郑，被郑商人偶然遇见，致秦师三帅被俘，这事实不能为典型用间之例）。赵奢率军御秦，出师三十里，停止不进，待秦"间"来，宴而送之。"间"既往，赵奢率军急进，秦军误信"间"之言无备，被赵奢打得大败。这是最早最明显的用间的例子。用间在孙武之前既不多，所以《孙子》书中讲得就少了。孙子对当时才出现的新生事物是很敏感的，书中指出间的作用提出五间俱起，五间的相互作用，并提出无所不用间的预言，对春秋战国以后推动用间于战争是起了先导作用的。现代各国间谍之多，正像孙子预言的"无所不用间"了，而窃取情报的工具方法则多到数不清，而有些人对此不甚了解，孙子对不了解敌情的人的批评，对一些人是个最好的忠告。

【校勘】

〔1〕吕牙在殷：此句下，竹简有"卫师比在陉。燕之兴也，苏秦在齐"句，诸本皆无，显为后人所增，未从。

頭鍪

掩膊

附 录

史记·孙子列传

孙子武者，齐人也。以兵法见于吴王阖庐。阖庐曰："子之十三篇，吾尽观之矣，可以小试勒兵乎？"对曰："可。"阖庐曰："可试以妇人乎？"曰："可。"于是许之，出宫中美女，得百八十人。孙子分为二队，以王之宠姬二人各为队长，皆令持戟。令之曰："汝知而心与左右手背乎？"妇人曰："知之。"孙子曰："前，则视心；左，视左手；右，视右手；后，即视背。"妇人曰："诺。"约束既布，乃设铁钺，即三令五申之。于是鼓之右，妇人大笑。孙子曰："约束不明，申令不熟，将之罪也。"复三令五申而鼓之左，妇人复大笑。孙子曰："约束不明，申令不熟，将之罪也；既已明而不如法者，吏士之罪也。"乃欲斩左右队长。吴王从台上观，见且斩爱姬，大骇。趣使使下令曰："寡人已知将军能用兵矣。寡人非此二姬，食不甘味，愿勿斩也。"孙子曰："臣既已受命为将，将在军，君命有所不受。"遂斩队长二人以徇。用其次为队长，于是复鼓之。妇人左右前后跪起皆中规矩绳墨，无敢出声。于是孙子使使报王曰："兵既整齐，王可试下观之，唯王所欲用之，虽赴水火犹可也。"吴王曰："将军罢休就舍，寡人不愿下观。"孙子曰："王徒好其言，不能用其实。"于是阖庐知孙子能用兵，卒以为将。西破强楚，入郢，北威齐、晋，显名诸侯，孙子与有力焉。

孙子译注·前言

  中华民族最早在自己的广大土地上过着原始共产社会的生活。那时并没有战争，但生活水平很低。人类社会的发展，有它自己的客观规律，不以人们的意志为转移。私有财产、私有观念引起了部落间的相互掠夺，由集群格斗而发展到由小到大的部落间的战争（虽然初期还没有现在意义的战争）。随着奴隶制的发展，到春秋战国时期，在人口稠密地区战争不断发生，有战争的社会代替了无战争的社会。

  战争是社会历史的特殊现象。战争是阶级社会中的政治以特殊的即暴力手段的继续。春秋战国时期的战争，受当时社会经济的限制制约其规模和持续时间。

  人们从当时战争的实践中逐步认识战争，由局部、具体的战争实际中，综合各方经验提高到理性的认识。战国初"将"、"相"的分工，促使军事家和军事理论家的成长，而这也适应各大奴隶主相互吞并斗争的需要。于是有若干军事理论家想方设法搜集并整理各地方的战斗纪实和某些军事名言（实即战争理论的片断）。这些军事经验和战略片断的综合在当时是必然的，它有利于推动社会前进。孙武是当时杰出的军事家，这些军事经验和战略片断的综合以孙武命名是合理的，也是偶然性的事。

《孙子》问世后，为古今中外军事家们所重视。[①]曹操最先注释《孙子》。后来注家蜂起，便有许多文意不尽相同的版本传世。《孙子》在国外的流传，以日本为最早，十八世纪后有法、英、德、俄、捷等文译本，可惜都译得不好。拙著《孙子译注》（原名《孙子今译》）亦是一初步的整理。由于我所阅材料偏少，古文知识不够，遗漏错误之处在所难免，希望读者不吝赐教。

（一）

孙武字长卿（生卒年月不详，约和孔子同时），春秋末期人，陈国公子完的后裔。公元前六七二年，陈完因内乱逃奔齐国，受到齐桓公的器重，用他为"工正"，[②]陈完后改称田完。齐国封建生产关系发生较早，到齐景公时，田氏家族已采用封建剥削方式，同公室争夺劳动人手，民众"归之如流水"，[③]成为当时齐国新兴封建势力的重要力量。据《新唐书》和《古今姓氏书辨证》记载，田完的后代，孙武的祖先田书，因"伐莒有功，景公赐姓孙氏，食采于乐安（今山东惠民）"。④这样的国度，这样的家族，对孙武军事思想的形成自然要起一定作用的。

后来，孙武从齐国到了吴国。吴王阖闾即位后，利用当时吴国的有利条件，图强争霸。一九七二年临沂汉墓出土的《吴问》残简，记载了孙武和吴王关于晋六卿"孰先亡，孰固成"的问对，孙武认为亩大、税轻者可以"固成"，得到吴王的赞许，从中也可以看出他们改革图强思想的一个侧面。公元前五一二年，孙武受到吴王阖闾的重用，同伍员协助吴王经国治军，积极图谋大举攻楚。吴王接受了伍员、孙武的扰楚、疲楚计谋，组织三支部队轮番袭扰楚国，"楚于是乎始病"。⑤经过数年准备，公元前五〇六年，孙武和伍员随同吴王率军攻楚，由水路出发，转陆路，争取了蔡、唐两国，通过它们境内，潜行千余里，迂回到楚国东北部，从侧面袭击，五战五胜，以三万人破楚二十万众，⑥攻入楚国国都郢（今湖北江陵北）。《史记》说：吴国"西破强楚，入郢，北威齐晋，显名诸侯，孙子与有力焉"。⑦

恩格斯说："新的军事科学是新的社会关系的必然产物。"⑧春秋末至战国初，是由奴隶制开始向封建制过渡的社会大变革时代。由于使用铁制农具和牛耕，推广施肥，兴修水利，提高了农业生产力；手工业、商业也有了相应的发展。随着生产力的发展，奴隶制生产关系已显然成为阻碍社会前进的桎梏。奴隶的反抗、起义和奴隶战争，此伏彼起，从根本上打击和动摇了奴隶主的统治。这是当时推动历史前进的动力。在奴隶革命造成的形势下，代表新的封建制生产关系的新兴地主阶级向奴隶主阶级展开激烈的斗争。同时，战争频繁，战争规模日益扩大。这些就是产生《孙子》的社会历史背景，也就是决定《孙子》思想的社会存在。《孙子》的作者，顺应历史潮流，用当时比较进步的观点和方法，总结当时和以前的战争经验，继承和发展前人的军事理论，创立了新兴地主阶级的军事学说。它在战略上，提出了许多杰出的命题，在哲学上表露出不少古代朴素的唯物辩证法思想，相当广泛地揭示了一般战争的客观规律，成为古代军事学术史上一颗明珠。它之所以能流传两千余年，受到广泛的重视，决不是偶然的。

（二）

一定的军事思想和军事路线，总是从属于一定阶级的政治思想和政治路线，并成为它的重要组成部分。《孙子》的军事思想是从属于新兴地主阶级的政治思想，并成为它的组成部分。它关于战争问题和军队问题的论述，就反映了地主阶级在新兴时期政治上的需要。

关于战争问题《孙子》一开头就说："兵者，国之大事，死生之地，存亡之道，不可不察也。"（参见原文及译文第一段，以下只注明段的号数。）把战争看作关系军民生死、国家存亡的大事而加以认真研究，并且说："亡国不可以复存，死者不可以复生。故明君慎之，良将警之。"（九十九）又说："无恃其不来，恃吾有以待也；无恃其不攻，恃吾有所不可攻也。"（六十四）主张对敌性邻国可能的进攻，必须做好准备。这些论述，反映了它重视战争、对战争抱慎重态度和要求有备无患的思想。

《孙子》着重论述了决定战争胜败的基本因素，提出要"经之以五，校之以计，而索其情：一曰道，二曰天，三曰地，四曰将，五曰法……凡此五者，将莫不闻，知之者胜，不知者不胜"（二）。这五个方面，从前注家们略称为"五事"。《孙子》接着又说："主孰有道？将孰有能？天地孰得？法令孰行？兵众孰强？士卒孰练？赏罚孰明？吾以此知胜负矣。"（二）这七个问题，从前注家把它叫做"七计"。从上面的论述中，我们可以看到，《孙子》把"道"放在"五事"的首位，把"主孰有道"

看作"七计"的第一个问题，也就是把"道"作为决定战争胜败的首要因素。那么"道"的含义是什么呢？《孙子》说："道者，令民与上同意者也，可与之死，可与之生，民弗诡也。"（二）⑨这表明《孙子》所说的"道"的实际内容和含义是属于我们今天所说的政治范畴的。也可以说"道"就是政治。这与和他同时代的"老子"的"道"、孔子的"道"有所不同。它又指出："修道而保法，故能为胜败之政。"（二十二）修明政治，确保法制，就能掌握胜败的决定权。这又表明《孙子》的"道"是体现新兴地主阶级意志的政治。把政治作为决定战争胜败的首要因素，虽不明确，但已初步提出战争和政治的关系，这是《孙子》的重要贡献。当然，《孙子》的"道"，其目的是要"民"——农奴、奴隶和平民，服从新兴地主阶级的利益，去为扩大地主阶级势力拼死作战而不敢违抗。

《孙子》除了把"道"作为决定战争胜败的首要因素外，还比较全面地论述了其他基本因素，对天、地、将、法分别作了阐述，认为要取得战争胜利，还需要有一定的物质力量（包括军事力量），有利的天时、地利等客观条件，平时严明的管理和训练，战时正确的军事指挥等。这些也是《孙子》对战争问题的可贵见解。

关于军队问题《孙子》关于军队问题的思想，反映了新兴地主阶级根据当时新的土地关系而企图革新军制的需要。它关于军队问题的思想主要表现在对将帅和对治军两方面的论述中，提出了不少新的主张。

《孙子》很重视和强调将的地位和作用，把具备"智、信、仁、勇、严"（二）五个条件的将，看作是决定战争胜败的"五事"之一，把"将孰有能"（二）列入"七计"之中。《孙子》对春秋末至战国初新兴的专职的将提出许多要求，主要是：要"知彼知己"、"知天知地"（八十二），了解各方面的情况；要有"知诸侯之谋"（五十一）的政治头脑；要有勇有谋，要有能"示形"、"任势"（三十二）、"料敌制胜"（七十九）、"通于九变"（六十一）的指挥才能；要有"合于利而动，不合于利而止"（八十四）的决断能力；要有"进不求名，退不避罪"（八十）的负责精神；对士卒管教要严格，赏罚要严明；要能"令素行以教其民"（七十六），要能"与众相得"（六十七），使士卒"亲附"等等。《孙子》认为，只有这样的将帅，才是"国之辅也"（一十七）、"国之宝也"（八十）。当然《孙子》这里说的"智、信、仁、勇、严"（二），也是新兴地主阶级选将的标准和要求。

《孙子》关于治军的论述，概括地说，就是用文武兼施、刑赏并重的原则治理军队。《孙子》在战争中"令民与上同意"（二）的要求，反映在治军中就是"上下同欲"（十九）。它说"令之以文，齐之以武，是谓必取"（七十六）。这"文"，就是怀柔和重赏，使士卒亲附；这"武"，就是强迫和严刑，使士卒畏服。《孙子》提出"视卒若爱子"（八十一），目的是要使他们去拼死作战；对俘虏提出"卒善而养之"（十一），目的是为了战胜敌人而更加壮大自己。《孙子》的这些治军原则和方法，是当时社会上地主阶级同农奴、奴隶及其他贫苦劳动者的阶级关系在治军思想上的反映。这同奴隶主阶级军队中将帅对士卒极端野蛮、残酷的统治相比，有一定的进步性。但是在军队内部存在着剥削和被剥削阶级对立的条件下，所谓"爱卒"、"善俘"，实际上是不可能做到或不可能完全做到的。

（三）

毛泽东同志说："中国古代大军事学家孙武子书上'知彼知己，百战不殆'这句话，是包括学习和使用两个阶段而说的，包括从认识客观实际中的发展规律，并按照这些规律去决定自己行动克服当前敌人而说的；我们不要看轻这句话。"⑩这就给我们指出《孙子》中最主要的精华，并进一步发展阐扬这句话的含义，给我们作了一个批判吸收古代历史遗产和"古为今用"的示范。

《孙子》把"知彼知己"（二十）看作是正确指导战争的先决条件。《孙子》认为，战争指导者，对决定战争胜败的"五事"、"七计"要熟知深究，要估计、比较敌对双方的优劣条件，这样才能在战前从客观物质基础上判明谁胜谁败，才能制订正确的作战方针。《孙子》在论"用间"中，主张不要吝惜"爵禄百金"（一〇〇）以取得敌军情报，指出"此兵之要，三军之所恃而动也"（一〇五），把了解敌军内情看作是决定整个军队行动的一个重要依据。

《孙子》把"知彼知己"贯穿于战争指导的全过程。在战前，它十分重视"庙算"（六）的作用，指出"多算胜，少算不胜"（六）。在作战中，《孙子》要求从进军开始就注意观察各种征候，到同敌人接触就更注意观察，并根据各种征候对敌情作出正确的判断。《孙子》把敌情判断叫做"相敌"（六十六），并举出三十二例，如："敌近而静者，恃其险也；远而挑战者，欲人之进也"（七十一）、"辞卑而益备者，进也；辞强而进驱者，退也"、"无约而请和者，谋也"（七十三），告诉人们要从敌人的行动中区别真象和假象，不要被假象所迷惑，而要从现象深处发现敌人真实的意图。我们知道，战争经常处在纷乱、复杂、多变的情况中，加上敌人的伪装和佯动，比其他事情更带不确实性，因此，通过这样的情况（现象），去分析探求敌人行动的意图（本质），就更加困难而又更加需要了。所谓"相敌"就是我们今天所说的情况判断。情况是复杂多变的，因此要从搜集到尽可能多的情况中，加以"去粗取精、去伪存真、由此及彼、由表及里"的思索，才能通过情况判断而探索敌人行动的企图。这在思维上说是对任何问题都要通过现象去认识本质，并通过初步的本质到更深的本质。《孙子》的敌情判断，虽是古老而简单的，但提出了指导战争的一个非常重要的问题，并且也给当时将帅指出了从复杂的现象中去探索敌人真实企图的方法。

为了判明情况，它还要求"策之而知得失之计，作之而知动静之理，形之而知死生之地，角之而知有余不足之处"（四十四）。就是说要用心筹算，以求了解计策的得失利害；激动敌军，以求了解敌人的动静规律；侦察地形，以求了解哪里有利哪里不利；较量力量，以求了解哪方面优势哪方面劣势。总之，《孙子》要求在进军、接敌、对峙、交战等战争全过程中，都要查明和判断敌情。

《孙子》还多处论述了"知彼知己"与战争胜败的关系。它说："知胜有五：知可以战与不可以战者胜，识众寡之用者胜，上下同欲者胜，以虞待不虞者胜，将能而君不御者胜。此五者，知胜之道也。"（十九）又说："知吾卒之可以击，而不知敌之不可击，胜之半也；知敌之可击，而不知吾卒之不可以击，胜之半也；知敌之可击，知吾卒之可以击，而不知地形之不可以战，胜之半也。"（八十二）还提出"将有五危"（六十五）、"兵有六败"（七十八）。这些论述，可以理解为战争指导者应该了解的彼己双方的情况，了解全面和指导正确的就胜利，否则就不能胜利。所以它说："知彼知己，百战不殆……不知彼，不知己，每战必殆。"（二十）

《孙子》中关于战略原则，包括作战方针、作战形式、作战指导等，也都是以"知彼知己，百战不殆"这一思想为基础的。

在作战方针上，《孙子》主张进攻速胜，强调"兵贵胜，不贵久"（十二），认为"兵久而国利者，未之有也"（七）。这反映了地主阶级在上升时期政治上要求发展的需要和当时经济、军队组织等条件的限制。但是，作为一般战争的规律，偏重于讲进攻速胜，不重视防御和持久，是带有片面性的。为了达到进攻速胜的目的，在具体作战上，《孙子》主张要充分准备，"先胜而后求战"（二十二）。要"并气积力"（八十六）、"并敌一向"（九十四）。这些都是要求要有充分的准备，要集中兵力。《孙子》对进攻行动要求突然性，要"攻其无备，出其不意"（五）；要"避实击虚"、"进而不可御者，冲其虚也"（三十八）；这些突然性都带避实击虚的奇袭和机动作战思想，要"避其锐气，击其惰归"（五十七）。所谓"虚"，是指敌人的弱点。《孙子》的进攻作战，主张速决。它说"兵之情主速，乘人之不及"（八十五），要求军队的行动要"其疾如风"（五十三）。它注重造势，造成有利的进攻态势，说："激水之疾，至于漂石者，势也……善战者，其势险，其节短。"（二十八）要造成像湍急的水奔流倾泻，以至凶猛地冲走石头那样一种不可阻挡的气势。然而在被欺侮的国家被侵略时，战略的持久防御却是非常重要的战略方针。

在作战形式上，《孙子》主张在野外机动作战。它把"伐兵"（十五）放在"攻城"（十五）之前，把"攻城"看作下策，以为"攻城之法为不得已"（十五）。这反映当时进攻兵器还缺乏摧毁城堡的能力，攻城所费代价过大，每每导致旷日持久，不利于速胜。所以《孙子》主张"拔人之城而非攻也"（十五）（似指奇袭和久困）。"伐兵"，就是进攻敌人的军队，照现代的军事术语说，就是以军队为作战目标（不以城堡或要塞为作战目标）。进攻敌人的军队，也有不同的打法。当时，呆笨的车战已逐步让位给徒步作战，而《孙子》主张的"勿击堂堂之阵"（五十七），正是新兴地主阶级寻求新的作战方式的表现。《孙子》认为野外机动作战是达到进攻速胜的有利的作战方式。要在野外机动作战中消灭敌人，重要的问题就是要善于调动敌人，这种调动敌人的办法，《孙子》称之为"动敌"。它说："善动敌者，形之，敌必从之；予之，敌必取之；以利动之，以卒待之。"（三十一）就是说，要善于用佯动迷惑敌人，用小利引诱敌人，使敌人听从调动，用重兵来等待掩击它。对于固守高垒深沟的敌人，则采取"攻其所必救"（三十八）的战法，调动敌人出来消灭它。《孙子》要求"出其所不趋，趋其所不意"（三十五），就是进军向敌人不及救援的地方，急进向敌人意料不到的方向。"由不虞之道，攻其所不戒"（八十五），这样就能"进而不可御"（三十八）了。

在作战指导上，《孙子》强调"善战者，致人而不致于人"（三十三）。这就含有争取主动、避免被动的意思。为达此目的，就要察明敌人的情况和行动规律，而不让敌人了解自己的情况和规律，即所谓"形人而我无形"（三十九），这样就"深间不能窥，智者不能谋"（四十五）了。《孙子》还提出，要"先为不可胜，以待敌之可胜"（二十一），就是先要消灭自己的弱点，立于不败之地，以寻求消灭敌人的机会。而在待机中，就要

"以治待乱，以静待哗……以佚（逸）待劳，以饱待饥"
（五十七）。《孙子》还强调"我专而敌分"（三十九），
就是要设法使自己兵力集中而迫使敌人兵力分散，这样
就有争取主动的力量，能够造成"以十攻一……以众击
寡"（三十九）的有利态势。《孙子》提出了造成敌人过
失，使敌人陷于被动地位的办法，如"示形"，即"能而
示之不能，用而示之不用，近而示之远，远而示之近"
（五）。毛泽东同志说过："……我们可以人工地造成敌军
的过失，例如孙子所谓'示形'之类（示形于东而击于
西，即所谓声东击西）。"⑪又如用"卑而骄之"、"怒而
挠之"、"佚而劳之"、"亲而离之"（五）等办法，都能
造成敌人的错觉和不意，使敌人发生弱点，陷于被动。
同时自己则保持主动，使自己的进攻像"转圆石于千仞
之山"（三十二）那样锐不可当，能所向无敌，即所谓
"兵之所加，如以碫（石）投卵"（二十六）一般。

　　在作战指导上，《孙子》还强调"兵因敌而制胜"
（四十七），这里含有灵活机动的意思。它指出，双方
作战，通常是用"正"（二十七）兵当敌，用"奇"
（二十七）兵取胜。这种"奇正之变"（二十七），是"不
可胜穷"（二十七）的。部署作战要巧设计谋，"为不可
测"（八十六），这样就可"巧能成事"（九十四）。它
说："易其事，革其谋，使人无识；易其居，迂其途，使

人不得虑。"（八十八）要求战法经常变化，计谋不断更新，使敌人无法识破机关；驻军常换地方，进军多绕迂路，使敌人推测不出意图。《孙子》主张"践墨随敌，以决战事"（九十五），即不可千篇一律地对待各种不同的战争情况。对不同的敌人要采取不同的对策：对贪利的敌人，则"利而诱之"（五）；对骄傲的敌人，则卑词示弱，使它麻痹松懈。敌对双方兵力对比不同，作战方法也有所不同："守则不足，攻则有余"（二十一），即兵力劣势，采取防御；兵力优势，采取进攻。优势的程度不同，打法也不一样："十则围之，五则攻之，倍则分之……"（十六）⑫它还提出对不同的战区（所谓"九地"）要采取不同的行动方针。对不同的地形（所谓"六形"）要采取不同的作战措施。对特殊情况，则要求作特殊的机断处置："涂有所不由，军有所不击，城有所不攻，地有所不争……"（六十）它把作战方式因敌情而变化，比成水形因地形而变化，所谓"兵无常势，水无常形，能因敌变化而取胜者，谓之神"（四十七）。

（四）

在阶级社会中，唯物论和唯心论都是作为阶级斗争的工具而存在、而斗争、而发展的。它们之间的斗争，始终反映着革命阶级同反动阶级之间的斗争。春秋战国之际代表新兴地主阶级的思想家们，用朴素唯物论为思想武器，向没落的奴隶主阶级的唯心论进行斗争。在这场激烈的思想和理论的斗争中，孙武站在唯物论一方，在军事领域中独树一帜。

《孙子》中的朴素唯物论观点，首先表现为无神论和反天命的态度。它在论述事先了解情况的重要性和方法时说："不可取于鬼神，不可象于事，不可验于度，必取于人，知敌之情者也。"（一〇〇）鲜明地指出不可去求神问卜，不可用类似的事情做吉凶的推测，不可用夜观星辰运行的度数去验证，而必须从了解敌人情况者的口中去取得。它在"五事"中也讲到"天"，说的是"阴阳、寒暑、时制也"（二），是自然的"天"，不是神化的"天"。在当时的思想战线上，以天命论和反天命论为中心的论争中，《孙子》表现了鲜明的无神论和反天命论的态度，在哲学史上作出了贡献。

《孙子》中的朴素唯物论观点也表现在本文前面说过的，它把"五事"、"七计"看作战争胜败的基础。它在论有形的力量《形篇》中又说："……称生胜。故胜兵若以'镒'（二十四两）称'铢'（二十四分之一两），败兵若以'铢'称'镒'。"（二十四）也是把敌对双方力量的轻重对比不同，看作胜败的基础。这些都是属于战争问题上的朴素唯物论的观点。

《孙子》中的朴素唯物论观点还表现在它要求战争的指导者，不可从主观愿望和喜怒感情出发，要在判明彼己双方的情况下，再定下打不打的决心。它说："主不可以怒而兴师，将不可以愠而致战；合于利而动，不合于利而止。"（九十九）否则就会造成亡国杀身的灾祸。所以它告诫说："明君慎之，良将警之。"（九十九）主观指导，要从实际情况出发，适应客观情况，这是对战争指导者最起码也是最根本的要求。在这样关键性的问题上，《孙子》作了朴素唯物论的论述。

毛泽东同志指出："辩证法的宇宙观，不论在中国，在欧洲，在古代就产生了。但是古代的辩证法带着自发的朴素的性质，根据当时的社会历史条件，还不可能有完备的理论，因而不能完全解释宇宙……"[13]《孙子》中表现出来的军事上的辩证法思想正是这样。

《孙子》在论军事中，反映出了丰富的朴素辩证法思想，涉及了军事领域中的许多矛盾范畴。《孙子》所用的范畴，与他同时代诸子各家（孔、墨、老、庄……）所用的范畴各不相同；有些范畴也与同时代西方哲学家们所用的各有差别。如上文所说的"天"和"道"。同时我们可以看到，他所用的范畴多是军事上对立的双方，即我们今天说的相互依存又相互斗争，相互渗透也相互推移（虽然孙子并未这样讲，当时还不可能这样讲）的矛盾范畴。如敌我、众寡、强弱、攻守、进退、胜败等，这些都是战争运动中的基本矛盾，贯穿在《孙子》的许多地方。《孙子》的杰出命题"知彼知己"，讲的是"彼"、"己"双方情况，不能只知一方，而不知另一方。在论"军争"时说："军争为利，军争为危。"（五十）指出"军争"既有"利"的一面，也有"危"的一面。要求将帅考虑问题，"必杂于利害"（六十二），即是说要兼顾到正反两个方面。在看到利时，要考虑到还有害的一面；在看到害时，要考虑到还有利的一面。所谓"杂于利，而务可信（伸）也；杂于害，而患可解也"（六十二），告诉人们，在不利的情况下，要看到有利的因素，才不至失去胜利的信心；在有利的情况下，要看到不利的因素，才能防止挫折的危险。这些表现了《孙子》在思想上已初具全面观察问题，避免片面性的认识。

《孙子》看到了军事领域中的许多矛盾，诸如：兵力配备有虚实，军队士气有勇怯，部队状态有劳逸，作战方法有奇正，作战时间有久速，军队管理有治乱，距离有远近，道路有迂直，计谋有得失，处境有安危等等（这已表明一切事物都有正反两方面的思想），因此，它能够提出许多克敌制胜的重要原则。例如，它在谈到兵力配备的虚实时说："备前则后寡，备后则前寡，备左则右寡，备右则左寡，无所不备，则无所不寡。"（四十）在兵力配备中既有有备的地方，必有相对无备的处所。处处设防，无所不备，就必然处处薄弱，无所不寡。有众必有寡，有实必有虚，总有弱点可找，总有瑕隙可乘（这就含有矛盾绝对性、普遍性的初期萌芽的思想因素）。所以它说："越人之兵虽多，亦奚益于胜败哉？"（四十二）"敌虽众，可使无斗。"（四十三）敢于藐视强敌，乘敌人的瑕隙夺取胜利。同时《孙子》认为自己也会有弱点，所以它又提出要"先为不可胜"（二十一），不给敌人以可乘之隙。

《孙子》还看到了"治乱"（三十）、"勇怯"（三十）、"强弱"（三十）、"佚劳"（三十四）、"饱饥"（三十四）、"安动"（三十四）等战争中矛盾着的现象不是固定不变的，而是会变化的。它说："乱生于治，怯生于勇，弱生于强。"（三十）这就是说，乱可以从它的对立面治中产生，怯可以从它的对立面勇中产生，弱可以从它的对立面强中产生。

《孙子》在看到战争中矛盾着的现象会发生变化，又进一步指出某些矛盾是可以人工地促使它转化的。它说："敌佚能劳之，饱能饥之，安能动之。"（三十四）怎样促使这种变化呢？《孙子》在分析取胜的客观条件时讲到："不可胜在己，可胜在敌。"（二十一）因为敌人发生不发生过失，事在敌人，因而又说："胜可知，而不可为。"（二十一）认为胜利是可以预见的，但不能凭主观愿望去取得。它在《虚实篇》中论述了如何决定自己的行动，如何争取主动，避免被动，集中力量，去造成敌人被动和弱点，以战胜敌人之后，又说："胜可为也。"（四十二）就是说，如果能按照彼己双方情况，正确决定自己行动，那么胜利是"可为"的。《孙子》的辩证法受时代和阶级的限制能达到这样的水平已属难能可贵。《孙子》对"胜可知，而不可为"和"胜可为"的关系，对"可知"到"可为"的发展，尚未能作出辩证统一的阐述，这是不能苛责古人的，然而能提出"胜可知"，又提出"胜可为"，就含有发挥主观能动作用的朴素辩证法因素。作为例证，它说："故形人而我无形，则我专而敌分；我专为一，敌分为十，是以十攻其一也，则我众而敌寡；能以众击寡者，则吾之所与战者，约矣。"（三十九）这里说的是，巧妙地运用"形人而我无形"的办法，形成"我专而敌分"，我"能以众击寡"的有利态势，这就容易取得胜利了。

　　《孙子》中辩证法思想的表现，虽然只限于军事领域并且是自发和朴素的，还没有形成完备的理论，但是，在两千多年前，《孙子》就有这样丰富而生动的军事辩证法思想，则是难能可贵的。对于这样一部充满朴素唯物论和辩证法的军事著作，我以为应当在学术界引起更为广泛的重视。

（五）

当我们从《孙子》这部古代著名的兵法中批判地吸收其精华时，必须看到，它产生在新兴地主阶级反对奴隶制的时期，有其进步性；但地主阶级同奴隶主阶级一样是剥削阶级，它从产生之日起就同农奴、农民处于阶级利益的根本对立之中，由于阶级本质的决定，又加上时代的局限性，不可避免地存在着一些糟粕和消极成分。这里只将其中主要的略举如下。例如：它未能区别战争的性质，而且公然主张"掠乡分众，廓地分利"（五十四），"掠于饶野，三军足食"（八十六），这是剥削阶级本性的表现。当时的兼并战争，是诸侯列国争夺土地和霸权的战争。《孙子》之不指明战争性质，客观上正是掩盖这一兼并战争的本质。在作战问题上，书中也有不少消极的因素，例如它虽讲过"趋其所不意，行千里而不劳"（三十五），但又说"卷甲而趋，日夜不处，倍道兼行，百里而争利，则擒三将军"（五十）。其实，如能出敌不意，则倍道兼行，风雨无阻，往往能取得意外胜利。它消极地主张"高陵勿向，背丘勿逆"（五十八），"归师勿遏，围师必阙（一作"遗阙"），穷寇勿迫"（五十八）。实则高陵有时可向（即仰攻），背丘有时可逆（即正面攻击），归师有时可遏，而为了全歼敌人，一般地围师就不能阙，穷寇就必须追。

在认识论和方法论方面，《孙子》中含有某些唯心论和形而上学的成分。例如，"不战而屈人之兵"就是对战争问题的唯心论表现。毛泽东同志指出："战争——从有私有财产和有阶级以来就开始了的、用以解决阶级和阶级、民族和民族、国家和国家、政治集团和政治集团之间在一定发展阶段上的矛盾的一种最高的斗争形式。"⑭又说："'战争是政治的特殊手段的继续'。政治发展到一定的阶段，再也不能照旧前进，于是爆发了战争，用以扫除政治道路上的障碍。"⑮这就告诉我们，战争不是任何时候都要发生的，而是在敌对势力之间的矛盾发展到一定阶段时才发生，这时战争就成为不可避免的了，因此，在这样的情况下，"不战而屈人之兵"（十四）只是一种不切实际的想法。至于某些局部敌军的投降，从表面上看，似乎是"不战而屈人之兵"，但其实也只是战的结果。再《孙子》把自然界的运动，它的发展变化过程看作"终而复始"、"死而复生"（二十七），对军事上的

"奇正相生"（二十七）看作"如环之无端"（二十七），把事物螺旋式的发展运动，看成简单的循环，这就带有循环论的色彩。又《孙子》在论及敌对双方军事力量的对比上，比较注意"量"的不同和变化，较少注意"质"的不同和变化。上述这些，都是形而上学的观点的表现。

在历史观方面，《孙子》是倾向唯心论的，它过分夸大将帅的作用，认为"知兵之将，民之司命，国家安危之主也"（十三）。轻视广大兵卒和人民在战争中的作用，提倡愚兵政策。它主张"愚士卒之耳目"（八十八），把兵卒看成羊群，"驱而往，驱而来，莫知所之"（八十八）。这些都是帝王将相创造历史的唯心史观的表现。

《孙子》问世以来，已经历了两千多年。当前情况与《孙子》成书时代已大不相同，我们今天研究现代战争，是为了反对帝国主义、霸权主义，保卫社会主义祖国，维护世界和平。所以应该首先认真学习马列主义、毛泽东思想，特别是学习毛泽东军事思想，用辩证唯物论和历史唯物论为指导，总结我军二十余年革命战争的经验，提高认识，掌握革命战争的基本规律；同时认真观察今天遇到的新情况、新特点，以便从新的实际出发研究新的问题。

第二次世界大战（以下简称"二战"）后，以中、远程导弹和各种核弹头为主，更辅以航天技术等被称为核时代的新武器纷纷出现，和"二战"前"轰炸"、"炮击"，都以常规火药为主，在武器发展史上是一大转折，并在继续发展中。许多新武器紧密结合新的科学技术的发展，正以物体自由落下的加速度迅猛发展，愈到近几年愈加快其速度。各种新式导弹和不同的小型化分导核弹头、各式新型飞机不断出现。其他常规武器也日新月异地大大改进以至改革。武器技术更新的周期不断缩短。于是人们对未来大战议论纷纭。其中不少危言怪论，想用恐吓、敲诈等手段欺侮无核或少核国家。有人说："核战争会灭亡人类。"我们历来对核大战是反对的，但我们不相信"核武器会灭亡人类"。全世界人民都在觉醒中，人民迟早会消灭核武器及其他任何杀人武器，直至最后消灭战争，这是历史辩证法发展的必然规律。有的叫嚷现代常规武器的发展，即使不用核武器也能毁灭一片国家。这也不过是吓人的话，任何威力强大的进攻武器，自身都有内在矛盾，自有防御它的武器和方法。马尔维纳斯群岛之战中，所谓"无敌航空母舰"不是被炸起火了吗？黎巴嫩之战中，复合护甲的坦克不也被击穿了吗？这是战争实践的证明。还有人认为新型武器的出现，一切军事原则都不中用了，连"战争是政治的继续"这一名言也过时了。这是在战争问题上的一种唯心论的反动。我们认为无论使用什么武器，都不会也不能改变战争的本质，"战争是政治通过另一种手段（即暴力）的继续"依然是真理。"任何战争都是同产生它的政治制度分不开的。"⑯帝国主义的侵略战争同产生它的帝国主义的政治分不开，这是经过历史无数次检验，证明是正确的科学的真理，无论使用什么新武器都不会改变的。战争有它的客观规律。革命战争有革命战争的特殊规律。战争规律是发展的。无论哪种国家，经济总是社会基础，政治是经济的集中表现，战争是由政治所决定，为政治的继续。政治在战争中并继续着它们之间的关系也是不会改变的。

另一方面还有另一个极端，对新出现的事物熟视无睹或认识不清。从有战争以来到大约十八世纪末上了刺刀的步枪代替使用刀矛的白兵战（用刀矛弓箭打仗经历约五千年），开始了新的火器时代，这是第一次转折，火力战到"二战"为止（不到二百年），使用的都是火药。"二战"后各国相继以喷气式飞机代替螺旋桨飞机，到现在不过短短三十八年，以洲际导弹或中程导弹装上多头分导式氢弹头为主的核武器，加上常规武器由制导技术、烈性炸药，各兵种全部机械化、摩托化，与"二战"前比大不相同，成为第二个转折。这是摆在我们面前的现实，它虽不能改变战争的基本规律，却使整个作战方法发生重大的多方面的改变。[17]我们只略举几个简单的主要的例子：（1）由于侦察器材和技术的发展，改变了整个伪装和隐蔽的概念；（2）由于进攻使用的新武器的威力，使防御的概念以及布防、构筑工事等具体工作都必须作新的修改；（3）由于夜视器材的普遍使用，以及无线电侦察，使夜间训练必须有新的措施；（4）由于步兵摩托化、工兵机械化、摩托化……都能紧随坦克之后实施突破合围，加上战斗直升飞机的大量使用于空运，气垫登陆艇用于登陆，使现在的运动战概念不能不有新的改变，组织战斗、战役也必须有新的考虑；（5）无线电通讯中破密与反破密的斗争的改变有重大意义；（6）由于电子技术的发展和在军事上的广泛运用，电子战成了一个新的课题；（7）由于诸兵种各有各自的装甲单位，民兵的游击活动就要有新的能击破装甲的武器装备和训练才能进行新的人民战争……所有上述这些武器装备的改变势必引起军队编制、后勤、卫生以及训练等的改变，所有这些都要求我们从新的实际出发，研究当前发生的新问题，正确认识和积极改进我们军队的训练和战备工作。这样才能加速我们的国防现代化，才能使我军革命化、正规化、现代化的建设顺利进行。

这本《孙子译注》作品再版，希望能引起更多读者对军事研究的兴趣，关心国防现代化建设。以上对《孙子》的初步介绍，粗浅不当之处，对今天新情况讲得不够、不对之处，欢迎读者批评指正。

这次再版，得到一些同志的帮助，在此深表谢意。

郭化若

一九七七年三月三日改版稿

一九八三年十二月再版稿

【注释】

①《孙子》在宋代即列为《武经七书》之首（以下简称《武经》。所谓"七书"，有《孙子》、《吴子》、《司马法》、《尉缭子》、《李卫公问对》、《三略》、《六韬》七部古兵书），号称"兵经"；约在七世纪，《孙子》就传入日本，十八世纪以后，陆续有了法、英、德、捷、俄等文译本，受到外国军事界的重视。

② 工正：掌管手工业奴隶的官。

③《左传》昭公三年。

④《新唐书·宰相世系表》说：陈无宇之子子占，伐莒有功，景公赐姓孙氏，子孙因乱奔吴，孙武为吴将。又宋邓名世《古今姓氏书辨证》说："齐田完（按田氏原姓陈氏）字敬重，四世孙无宇；二子：常、书，书字子占，齐大夫，伐莒有功，景公赐姓孙氏，食采于乐安；生冯，字起宗，齐卿。冯生武，字长卿，以田鲍四族谋作乱，奔吴，为将军。"

⑤《左传》昭公三十年。

⑥ 刘向《新序》。

⑦ 司马迁《史记·孙子吴起列传》。按："北威齐晋"当系指公元前四八四年艾陵之战，吴军战败齐军；公元前四八二年黄池会盟，吴国夺取了晋国的霸主地位。

⑧ 恩格斯《一八五二年神圣同盟对法战争的可能性与展望》，《马克思恩格斯全集》第七卷，第五六二页。

⑨ 民弗诡也：十家注本作"而不畏危"，今依竹简作"民弗诡

也"，译作"民不敢违抗"，似较切合当时的阶级关系。

⑩《中国革命战争的战略问题》,《毛泽东选集》（横排本）第一卷，第一六六页。

⑪《中国革命战争的战略问题》,《毛泽东选集》（横排本）第一卷，第一九三页。

⑫"十"和"五"：这是《孙子》用以形容优势兵力的概说，并不是具体的规定。

⑬《矛盾论》,《毛泽东选集》（横排本）第一卷，第二七八页。

⑭《中国革命战争的战略问题》,《毛泽东选集》（横排本）第一卷，第一五五页。

⑮《论持久战》,《毛泽东选集》（横排本）第二卷，第四四七页。

⑯《战争与革命》,《列宁选集》第三卷，第七一页倒数第一行至第七二页前三行。

⑰ 恩格斯在写《反杜林论》"暴力论"（写于一八九六年至一八九八年六月）时就指出：火药传入西欧"使整个作战方法发生了变革，这是每个小学生都知道的"（《马恩选集》第三卷，第二〇六页）。那讲的是由白兵战转为火药战的第一个转折。将来如果发生战争，交战国势必实行义务兵役制，征集来的新兵是恩格斯所说新的士兵成分，加上新的战斗武器，所以在第二个转折中作战方法必然会"整个改变"。

孙子译注·再版的话

拙著《孙子译注》（原名《孙子今译》）承上海古籍出版社再版，乘这个机会，我对原书又作了一次全面的修改。这里，把修改的情况略作一下交待。

近年来，因为许多国家都有新的军事装备不断产生、发展和变革，提出了许多重大的政治原则问题，至于更多的具体的属于战术性的问题，我们由于缺乏材料，有些又属于国家机密，只能在前言中作一些简要介绍，发表些初步见解，以供参考。这次修改，参阅了国内近几年来报刊杂志中有关《孙子》研究的文章约三十余篇，虽然很不完全，但得益颇多。其中有对若干古字的解释和十家注不同，但考之有据、言之成理者，我都采纳，以改正原来译注中的错误或缺点。

为了查阅和引用的方便起见，从一九七七年改版起就把《孙子》十三篇根据内容分成一〇五段。凡属同一内容的，不论文句多少，都保持在一段内。每段前头都加上号码（译文同样处理）。这次再版分段未变。前言中引用《孙子》原文的都用了引号，以前未注明出处，现按一〇五段号码，注明引自哪一段，读者可按所注号码查明译文的解说，也可在原文注释中查明对原文较为详细的注释。

这里想补充说明：

（1）关于校勘 《孙子》版本甚多，这里只选用《宋本十家注》、《武经七书》中《孙子》（两者实际都是以曹注本为底本，但有人把它分为两大系统）和银雀山汉墓中发现的"竹简"本三种。三种版本中不同之处，取其合乎战争规律而又文义通顺者，不取者则在注中注明。流行虽广（如《太平御览》、《杜氏通典》等），但无益于校勘者，则不取。校勘的号码加于所校短语之下，用〔1〕、〔2〕等符号标识。

（2）关于注释 这次再版，较大的变动是改以前的简短"字"注为"句"注。每一句后加该注的号码（如①、②等符号），句内短句原文加〔　〕符号，另起一行。从篇幅和字数上看，注释却成为重点了。此次还加上篇名注释，因为《孙子》十三篇中有几篇篇名是以孙武独特的哲学范畴（概念）名篇，以前未及注意，今加以粗浅解释以助研究；在篇名注释后，摘要提出主要内容，引起读者注意。在句注中不但对《孙子》的战略上卓越的命题作了解释，而且对《孙子》的哲学思想也作了初步解释。在注释中，对各种错误意见，多只采用从正面说明《孙子》原意的办法。其中个别错误的意见，既不符《孙子》本意，也不符一般战争规律的，则略加批判，说明道理，但不伤人（不指名）。在注释中个别处提及现代作战战例，这决不是说我们的革命战争是依据《孙子》的原则行动的，只因革命战争中有些战例与《孙子》所说恰恰巧合。引用这些战例说明某些普遍规律，在古今作战中仍有共同之处。特此说明，以免误会。

（3）关于译文　昔人把在他们以前的古文用他们当时的汉语来解释，称之为"训诂"（"训诂"包括难懂的字词的解释，字形、字音和当时同义通用的字等注解，我们把它写在注释内），中国人把外文翻成中文或外国人把中文翻成外文叫翻译。为了通俗起见，把《孙子》原文译成今天的汉语，以前称之为今译，现改称译文。主要的目的在于帮助读者通过译文比较容易地了解《孙子》的思想。鲁迅先生早就说过："中国的文言文，一向就并不一致，大原因便是字难写，只好节省些。当时的口语的摘要，是古人的文；古代的口语的摘要，是后人的古文。"把春秋战国时代的古文译成今天的白话时，不能不把当时被省略而留下摘要的古文，在字句之间、语气之内将被摘去的补上，使原来的意思容易被理解。在译文中对这类补充的字句，都加上〔　〕符号，以示区别。

《孙子》的文字有它独特的风格。其中有些地方有叠句、有排对、有押韵，翻译为今天的汉语时不容易做到所谓"信、达、雅"，只能尽可能在不失原意的范围内，力求保持一定程度的原有的风格、神采和丰韵。

凡在注释中改过的文字，译文也照新注作相应的更改。

（4）关于试笺 本书对《孙子》的介绍和评价已见于前言，但个别词句在前言中未能包括者，则在试笺中补充说明。对《孙子》卓越的战略命题，也在此突出提出。

根据以上四个方面的修改，书名也相应改为《孙子译注》。

下面谈谈关于《孙子兵法》成书时间和过程的探索。

关于孙武及其所著十三篇，最早记载此事的史书为司马迁所写的《史记·孙子吴起列传》，传中谓："孙子武者，齐人也，以兵法十三篇见吴王阖闾，阖闾曰：'子之十三篇，吾尽观之矣。'"千载相传，曾无疑问。至宋代才有人提出疑问（见宋陈振孙《直斋书录解题》和叶适《习学记言》），他们偏重于指出"孙武之名不见于《左传》"，孙武未必有其人。《孙子》的书"乃春秋末战国初山林处士所为"。明代就有人反驳此说（见明宋濂

《诸子辩》)。近来对《孙子》十三篇所说的事物，有认为全是战国时的，有认为大多为战国时的。许多议论都围绕着《孙子吴起列传》中"孙武以十三篇见吴王"这句话为中心。

孙武奔吴时携带少量以往的若干战斗经验的总结和一些名将的名言，那自有可能；但携带一部系统而完整的兵书，则可能性不大。现在我们所看到的《孙子》十三篇，决不是孙武用以见吴王的十三篇原文。许多议论者指出不少例子，说明现在所见到的十三篇中所论述的，不是春秋时的事物而是战国的事物。综合这些疑问，主要有如下各点：一、称国君为"主"，如"主孰有道"（二）、"主不可以怒而兴师"（九十九）。"主"在春秋时代是称"大夫"的，直到三家分晋后臣称君才叫"主"。二、书中"将受命于君"（五十九）、"（将在军）君命有所不受"（六十），这在孙武见吴王时，是不可能提出的。将相分工，是战国初才有的事。吴伐楚时阖闾、伍员均在军中直接指挥，并无"（将在军）君命有所不受"的事。至于说："将听吾计，用之必胜，留之；将不听吾计，用之必败，去之。"（三）这种去留的自由和一国兵家可到别国为将，如吴起在魏为将，乐毅率燕军入齐的事，也只在战国初不长时间内才有的事。三、战争规模，有人认为孙武见吴王时还未曾有过一个国家"驰车千驷……带甲十万"（七）这样大的战争规模。四、吴越相恶和"越人之兵虽多"（四十二）的话，这都是阖闾伐越前后的事。孙武见吴王时越国还很弱小，不可能提出。五、"弩"是战国时才发明的。书中"甲胄矢弩"（九），在孙武见吴王时还没有弩这种武器。六、"谒者"、"门者"、"舍人"（一〇三）等都属战国时的官称（舍人的职务春秋时是管宫中仓廪和分发物品的人，战国时舍人则略似今之秘书、副官，是接近大官的人。如蔺相如当过赵宦者令缪贤的舍人，李斯则曾为吕不韦的舍人）。这种不符当时情况的事还很多，以上所举六项是主要的，也都是事实。可见司马迁说：孙武以"十三篇"见吴王，决不是我们今天所看到的"十三篇"。但是，认为现存的十三篇"皆系战国时物"，也是不正确或不确切的。其中也有春秋末的事物。如说："驰车千驷，革车千乘"（七），"故车战，得车十乘已上，赏其先得者……"（十一）车战是春秋时代的特色。此外，十三篇中既有南方"吴孙子"（即孙武）活动地区所熟悉的地形，如"斥泽"（六十六），也有北方"齐孙子"（即孙膑）所习见的飞尘的征候，如"尘高而锐者，车来也，卑而广者，徒来也"。（七十二）这是只有中原广野上才能看得到的"征候"。可见《孙子》十三篇决不是一人一时之作。故无论谓十三篇"皆战国时物"，或说十三篇乃"战国中后期的事"，都不妥当。

如上所述，许多论者主张要从《孙子》十三篇的内容中分析辨别成书的时代，但有些论者偏重于从十三篇字句上着眼，有些春秋时代的官职称谓，即使孙武在春秋时讲过，流传到战国初期，其弟子们也可能根据新时代的新的官职称谓来修改旧的。而且如《用间篇》中的官称确系战国时的事，但这不是《孙子》十三篇中的主要内容。《孙子兵法》中主要的内容是孙子的战略思想和哲学思想。例如"知彼知己，百战不殆"（二十）、"攻其无备，出其不意"（五）、"致人而不致于人"（三十三）等战略上卓越的思想，"敌佚能劳之，饱能饥之、安能动之"（三十四）、"智者之虑必杂于利害"（六十二）、"乱生于治，怯生于勇，弱生于强"（三十）等朴素的军事辩证法，这些都是《孙子兵法》的精华与核心。然而这些主要的内容，是很难看出其具体的时间性的。这些战略思想和哲学思想，只能在中国这样的大国，由无数次战争经验的积累和伟大的军事家对此作了精辟的总结，又再经过战争实践的检验而作出的战略理论。在社会更迭、战争频繁、诸侯国之间彼此吞并和反吞并的斗争，加上百家争鸣的影响，这说明《孙子兵法》的产生是当时社会发展的需要，是战争发展的需要，是历史发展的必然。至于成于孙武之手，则是属于偶然性的事。这一偶然性，也有其客观条件。《前言》中对孙武的家世及其经历，已简略提到，并谈了产生《孙子兵法》的社会历史背景和决定孙子思想的社会存在。当时恰恰是孙武能帮助阖闾、伍员经国治军，以弱小的吴国出奇制胜打败了强大的楚国。他将吴分兵为三，轮番袭扰楚国，使楚疲惫不堪，然后又隐蔽地由水路北上，借陈蔡掩护，突然从北面实施战略大迂回，出楚不意，攻其左侧虚弱之地，因此能五战五胜，直抵楚都郢。这样的战略动机，"谁能为此谋"？《左传》虽未载孙武的姓名，但在吴师入郢到孙膑大破魏军一百五十余年之间，左丘明也并未提出一个比孙武更有名的名将。

根据现有的历史资料，很难断定《孙子》成书的确切年月，只能作一比较接近史实的成书过程的推测，以供读者继续研究。

我们推测:《孙子兵法》的思想体系属于孙武而无疑，而其成书时间大概是春秋末至战国初这一过渡时期。至于成书过程，当阖闾去世、伍子胥被伯嚭排斥时，孙武见机引退，总结过去的和亲身经历的战争经验，整理成较有系统的军事理论，从事讲学，经由许多门徒、学生和专门前来请教者们口传笔录，代代相传，从春秋末到战国初，逐渐形成一部丰富而比较完整的兵法。在口传笔录过程中，增补、遗漏、抄错、修改都在所难免。

但没有改变或遗漏孙子思想的核心。《汉书·艺文志》所说的八十二篇，可能就是许多口传笔录的门生们，各自把自己大同小异的记录辗转抄录于简上，以后综合起来，才有八十二篇之多。

顺便说一下，银雀山竹简《孙子》的出土，对我们研究《孙子》具有重要作用，但不宜过于夸张，以为《孙子》成书问题等疑问都已解决了。"竹简"只能证明《孙子兵法》和《孙膑兵法》是两本书（这也不是什么新发现，早在《汉书·艺文志》等书中就记有这两本书名，只是《孙膑兵法》后来失传了，于是，个别治学不严肃者武断地硬指《孙子兵法》是孙膑写的），证明孙膑、孙武各有所著的兵法，现存传世的《孙子兵法》不是孙膑写的。"竹简"还证明曹操统治中原后，有优越条件可以收集到许多版本，从中挑选当时的善本写了简略的解释（"故为略解焉"）。这否定了杜牧说的曹操"删其繁剩，笔其精华"之说。由于曹氏统治的优越条件，使《孙子》十三篇得到大量的传抄，因而能长期保存下来，这也算是他的贡献。但竹简《孙子》的出土不能直接证明《孙子兵法》是孙武的著作，也不能证明此书成书的具体时间。"竹简"只能证明从"竹简"抄录时到三国时期曹操注《孙子兵法》，其间无大更改，而无法证明由《孙子》成书到竹简《孙子》抄录之间有无大的修改。又

"竹简"在许多人分工抄录中未经严格校对,抄错、漏抄也在所难免。

《孙子兵法》是《武经七书》中保存得最为完整的最古的兵书。我们一再进行整理印行,旨在批判地继承和发扬我国优秀的文化遗产,引起更多人的重视,达到古为今用的目的。

郭化若

一九八四年,年八十

于北京西郊